Heroinnen

Claude Cahun

Heroinnen

Aus dem Französischen übersetzt
von Michael Chrapkowski
und Magnus Chrapkowski

Herausgegeben
von Magnus Chrapkowski

Mit einem Nachwort
von Bernhard Siebert

COLL'ARCO

Inhalt

Hinweis

Kursiv gesetzte Worte sind wörtliche – oder nahezu wörtliche – Zitate: gelesene oder bei einem Gespräch gehörte Worte. Ihre Autoren sind Menschen von verschiedenster Geistesart (man wird es bemerken). Viele sind aus der kleinen Korrespondenz[1] der Zeitungen entnommen. Andere, besonders bekannte, sind im übrigen dank dem Stil des Prosaisten oder Dichters leicht zu erkennen.

Andromeda an das Monster:

zum Gedenken an die Moralités légendaires[1]

»Just Conversation«

(Unübersetzbarer Jehovismus)

Gott: »Warum die Guten nicht belohnt und die Bösen nicht bestraft werden?«

Der Engel: »Nein. Euch kennend, wie ich Euch kenne, hätte ich Euch das nicht gefragt. Aber warum werden die Guten nicht bestraft und die Bösen nicht belohnt? – Es braucht eine Regel. Schließlich widerspricht das dem Gemeinsinn: Man kennt sich nicht mehr aus!«

Gott: »Was soll ich deiner Meinung nach tun? – Warum sind die Gerechten und die Verbrecher, die einen wie die anderen, auch so langweilig? so bar aller Imagination? Die einzige Regel hier (denn sie reicht) ist mein gutes Vergnügen. Solange sie mich unterhalten, lasse ich sie leben. Wenn sie eintönig werden, sei es, daß sie einen Pleonasmus nach dem anderen begehen, sei es, daß sie es mit Synonymen und Gemeinplätzen übertreiben – tilge ich sie aus. Sie sollten meinen Wünschen zuvorkommen. Wie ertragen sie sich selbst?

Es war vergnüglich. Es hat aufgehört, vergnüglich zu sein.[2] – Wer wird das Schauspiel regeln, wenn nicht der Zuschauer? Der Schauspieler ist so eitel, daß er sich noch zuhören würde, wenn er stumm wäre! ...«

Eva die allzu Gutgläubige

»Man vermeide jederart Drogen, besonders diejenigen, die in den Zeitungen als Heilmittel wider alle Krankheiten angepriesen werden.«

Elftes Gebot

(Erschienen in der Werbeanzeige für ein gewisses Medikament – dessen Konkurrenz anscheinend gefürchtet wurde.)

Für die »Évettes«, die kleinen Korrespondentinnen der Zeitschrift Ève[3] *– und im allgemeinen für alle jungen Mädchen, den vergangenen, den gegenwärtigen und den zukünftigen.*

EINZIGARTIGE GELEGENHEIT. Wollen Sie stärker werden, in allen Ihren Unternehmungen erfolgreich sein? Zögern Sie nicht: *Sobald Sie von dieser Frucht gegessen haben, werden Ihre Augen aufgetan, und Sie werden sein WIE DIE GÖTTER und wissen, was gut und böse ist.*[4] Bestellen Sie die schmackhafte Frucht. Es ist nur noch EINE EINZIGE übrig. Bestellen Sie sie unverzüglich. Was riskieren Sie dabei? Sind Sie nicht zufrieden, wird Ihnen Ihr Scheck erstattet.

»Schlangen mit leuchtenden Ringen bilden geschmeidige Buchstaben, dann andere Buchstaben für die nachfolgenden Annoncen.

Ich liebe es, den Nachmittag im parfümierten Schatten der Bäume zu verbringen (sind sie nicht großzügig? Das Parfüm ist kostenlos); auf die Metamorphose dieser wunderbaren Verheißungen zu warten. – Das ist eine Zerstreuung, und unser Garten bietet davon nicht viele. Ach! gäbe Adam mir doch mehr Taschengeld!

Mal sehen, die Schlangen bewegen sich …«

LONELY men, I have a sweetheart for YOU.*

* Für diejenigen, die kein Französisch können: *Amor sagt: Spanne eine zweite Sehne auf deinen Bogen, wenn du LEBENDE SPRACHEN lernst.* – Eva: »Sprachen übrigens, die sind wie lebhafte Farben, *die lassen modern erscheinen.* Der Turm von Babel, das ist aktuell. Es gibt sogar Leute, die sagen, daß er noch nicht fertig gebaut ist. Wenn man mich fragt, ich empfehle Stuck. Dies Jahr trägt man viel Stuck. Ich liebe alles, was neu, originell ist!«

»Nein, das geht mich nichts an! Und meinen Mann werd' ich nicht hierherlassen. Er ist so schwach bei Frauen!« (Sie lacht.)

»So was ist nicht richtig, so was gehört sich nicht! Wir brauchen etwas anderes! ... Ah! hier ist etwas Besseres ...«

Pep-Tabs

BE A MAN

You must have pep – vigor – strength
– youth – to fully enjoy life –.
Make your sex life a joy!
– Quick results –

PEP-TABS

They positively help to build up
weakened, nervous and ageing men
to such a state of thrilling,
pulsating power that they STAND
UP and shout: »I CAN! I WILL!!
I AM FIT!!!« (only two dollars a packet)

»Oh! schade: zu teuer! Das hätte ich ihm wirklich zu gern geschenkt. Er hat es ja so nötig, der arme Liebling! ...«

Are you reaching for TRUTH?
I will tell you FREE!

(Only send the exact date of your
birth and enclose ten cents.)

A GREAT SURPRISE AWAITS YOU

»Aber wann bin ich geboren? – Ich werde Vater fragen müssen. Ich bin aber auch so was von unwissend!«

BE an ARTIST

EASY method. Write for terms and
list of SUCCESSFUL GENIUSES.

»Warum sollte ich es nicht tun? Warum nicht ich? Was wird er sagen, wenn er sieht, daß sein Frauchen eine große Malerin, eine große Dichterin, der Ruhm des Paradieses geworden ist? – Ulkig, wie hungrig solche Ideen machen! Gibt's hier nichts zu essen? ...«

Quick PEP

Get NEW pep in TWENTY MINUTES

Guaranteed or your money back

GIVE ONE TO YOUR FRIEND

»Das ist ja nett. – Aber kann man das wirklich essen? Wie wird es wohl schmecken? ...«

EINZIGARTIGE GELEGENHEIT ...

»Jetzt geht das wieder von vorne los. – Schluß für heute. – Viele Werbeanzeigen haben sie nicht! – Was ist das wohl, *die Götter*? Ist es angenehm? ... Aber *eine Frucht*, das ist eine mächtige Versuchung! ... Man hat mir erzählt, daß ein Mädchen, wenn es sieben noch ganz grüne Schlehen auslutscht, sich in einen Jungen verwandelt.[5] Aber daran glaub' ich nicht ... Der Unterschied ist zu groß.« (Entzückt:) »Wie? *die Frucht* – es ist *ein Apfel*! – kostet nur neununddreißig Sous? ... Das ist mal ein Schnäppchen. – Den kaufe ich. Wo ist der Baum? ... Der hier mitten im Garten? ... Aber Vater hat doch gesagt, daß er unfruchtbar ist! – zumindest daß seine Früchte sauer sind, nur gut, um die Schweine zu mästen! – Zweifellos versteht Vater nichts davon. Er ist kein Feinschmecker. Und außerdem ist er ein Brummbart: vielleicht hat er Magenbeschwerden – er findet das Abendessen immer mißlungen.

Es stimmt: dieser kleine Apfel ist köstlich. Ich werde ihm

ein Viertel mitbringen; es wird ihm guttun (*Give one to your friend!*). – Eins für ihn, eins für Adam, eins für Eva. – Ich bin ja nicht egoistisch!«

Nun, sobald Gott den unbekömmlichen Apfel – geschickt verborgen in einem der kunstvollen kleinen Gerichte, die die Frau ihm zubereitete – verspeist hatte, wurde er von einem gewaltigen Wutanfall ergriffen. (Offensichtlich hatte er Magenschmerzen.) Er vertrieb das Paar aus dem Paradies, rief es wieder zurück, schickte es wieder fort – er wußte sich keinen Entschluß.

Denn solche Werbeanzeigen sind, leider! teils wahr, teils falsch. Der Vater, seine Kinder, alle Apfelesser haben in der Tat, dank der Frucht, gelernt, daß es ein Gutes gibt, daß es ein Böses gibt – können aber, ewig gepeinigt, nicht erkennen, was was ist. (Im übrigen hatte die Werbeanzeige ihre Berechtigung: ein Viertel ist nicht genug.)

Diejenigen indes, die glücklicher sind, aber noch übler handeln, indem sie die Dinge in zwei verschiedene Armeen einteilen, haben alle angebissen, ein jeder in verschiedenes Fleisch (eines Apfels, insofern es der Apfel der Zwietracht ist).

(Das ihre ist das einzig reine.) Sie ertragen den Geruch eines anderen Atems nicht.

Delila, Frau unter den Frauen

Und sie ließ ihn entschlafen auf ihrem Schoß und sein Haupt ruhn an ihrer Brust; und rief einem Bartscherer, der ihm die sieben Locken seines Hauptes abschöre. Dann fing sie an, ihn zu zwingen; denn seine Kraft war von ihm gewichen.

Richter XVI:19

Für J. G.

Ich habe es dem Hohepriester versprochen. Er ist der Feind meiner Rasse, unserer Götter, der da – und der mich verschmäht hat … Der natürliche Feind der Frau. An ihm werde ich alle meine Schwestern rächen. – Kurzum, ich kann Männer nicht leiden. *Ich kenne sie nicht; ich wünsche nicht, sie kennenzulernen*. Ich bin jungfräulich und wild.

Wird es mir gelingen, ihm sein Geheimnis zu entreißen, ohne mit meinem Fleisch zu bezahlen? ... Ich fürchte die Niederlage. Würde ich meinen Abscheu hintergehen (der Mann läßt in solchen Augenblicken nicht mit sich spaßen) – oh! ich wäre verloren! ...

Doch die Verführung, welche Wonne! Ja, das wird mein großer Auftritt. Beten wir, daß Dagon mir eine lange Rede und ein paar schöne Effekte gewährt. Die Falten dieses Mantels sind wahrlich beredt. Ich werde bewundernswürdige Gesten machen – und müßte ich mich der Wirklichkeit opfern (die Rolle ist es wert!), wüßte ich ihn jetzt, dessen bin ich sicher, *bei der Stange zu halten*.

Er soll nur kommen! Man soll ihn mir herführen: den Stier zur Beschälung! – Wenn diese teuer zu stehen kommt, was kümmert's: ich bin reich ... *Da ist er* ... *Ach!* ... Ich werde obsiegen.

O du Tier! du anbetungswürdiges Tier ... o Süßigkeit ...

– Wieder wach. Schon Tag! *Die Lerche? nein, nicht die Lerche, die Nachtigall noch ...*[6] – Diese Schere! Welch ein Verbrechen bin ich im Begriff zu begehen? Wirklich, ein Verbrechen! Was tun? ... Er hat meine Seele gefangengenommen – und ich habe keine Waffe mehr, um mich meines Schicksals zu erwehren.

Ich bin so schwach an diesem Morgen, und ich kann nichts

tun, als den vorigen Entschlüssen zu gehorchen. – Die Sklavin der Vergangenheit.

Es ist getan. Aber vielleicht nur in meinen Augen? ... Ach, nein! Er ist wie ein Kind.

»Samson, was ist aus deiner Kraft geworden? ... Du behauptest, daß ich es gewesen bin, ich, die ... Ich Verfluchte, ach! ich Verfluchte! ... Ich werde mich von der Welt entfernen; *ich werde ins Kloster gehen ...*[7] Was sage ich? Deine Religion wird die meine sein. Diesen Abend, ich schwör's dir, durch den Hohepriester selbst, vor unserem versammelten Volk, werde ich, Delila die Ungläubige, mich BESCHNEIDEN lassen.«

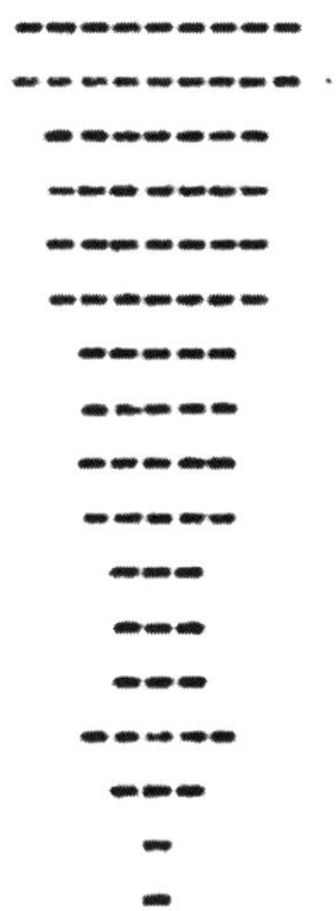

Die sadistische Judith

WER JUDITH WAR
Und sie hatte sich oben in ihrem Hause
ein geheimes Kämmerlein gemacht,
wo sie zurückgezogen lebte ...
Und bekleidet mit einem Sack,
fastete sie alle Tage ihres Lebens,
außer an Sabbattagen ...

REDE JUDITHS AN DAS VOLK
Was ich aber vorhabe, dem sollt ihr
nicht nachforschen ...
Die andern aber, so ... ihre
Ungeduld geäußert haben ... sind von
dem Verderber *und durch die* Bisse
der Schlangen umgebracht.
Darum laßt uns nicht
ungeduldig werden ...
sondern bekennen, daß seine
Strafen noch viel geringer *denn*
unsre Sünden sind ...

Rede Judiths an Holofernes

> *Alle Welt weiß, daß du der Gewaltigste bist ...*
> *und deine* militärische Disziplin *wird überall gepriesen.*
>
> Judith VIII und XI[8]

Für Erich von Stroheim

»Es ist offensichtlich, daß er Frauen verachtet und keinen Hehl daraus macht (denn er selbst läßt dem Gerede freien Lauf); daß er ein Rohling ist, wie nur ein Krieger es sein kann. Nachdem er seine Sklavin umarmt hat, leckt er sich verstohlen die Lippen. Er legt überhaupt kein Kleidungsstück ab, aus Angst, seinen Körper mehr als nötig zu besudeln. Der Purpur, in dem er sich in Liebesnächten wälzt, wird beschmutzt von seinen Stiefeln, die, symbolisch gefärbt mit dem roten Gift der Opfer, je nach Jahreszeit den Staub oder den Schlamm der Straßen, oder Schlimmeres, überall mit herumschleppen. Aber mit dem Hahnenschrei nimmt er ein Bad, setzt das Mädchen vor die Tür –

und läßt die Betttücher wechseln (die Seide, das geronnene Blut der Tücher).

Man sagt auch, er sei der häßlichste aller Männer; und diejenigen, die fürchten, daß er ihre Dienerinnen verführt, versichern, er gleiche einem Schwein.

Aber ich habe ihn gesehen, während seine siegreiche Armee an unseren verschlossenen Türen vorbeimarschierte, denn ich konnte durchs Schlüsselloch schauen (nachdem ich meinem Hund, dessen Aufregung mich störte, leise die Kehle durchgeschnitten hatte):

Wie mir diese fliehende Stirn gefällt, diese toten, so langsamen Augen – kleine, schmale Augen, mit riesigen Lidern –, dieses fleischige, aber nicht allzusehr hervorstehende Kinn, dieser viehische Mund mit sinnlichen Lippen, aber von derselben Haut, scheint es, wie das übrige Gesicht – ein Mund, an dem allein der Schlitz, der Spalt bewundernswert gezeichnet, ausdrucksstark ist und der, wenn er sich zum Halbkranz finster öffnet, die Eckzähne zum Vorschein bringt, zugespitzt wie Judiths Nägel!

Ach! wie mir vor allem diese Segelohren gefallen, dieser kurzgeschorene Nacken – und die süperbe Senkrechte vom Schädel bis zum Hals, durchbrochen von Reptilienfalten, wenn er den Kopf nach hinten neigt! Ich mag sie, weil ich darin die abscheulichen Merkmale der feindlichen Rasse erkenne.

Eine Frau ist unterwegs – zum Feldlager des Siegers! ...

Ein unflügger Vogel, ein ganz kleiner aus dem Nest gefallener, liegt zu meinen Füßen. Ich knie mich hin (er lebt!), ich halte ihn in meinen Händen: ›Es ist ein allerzartester Flaum, ein liebes panisches Herz, Weichheit, wehrlose Weichheit, zarter als der Bauch deiner Mutter, als die von ihr sorgsam gesammelten Fädchen rostroten Mooses und Seide ...‹ Nun ist er fast ruhig, wärmer als meine fieberheiße Achselhöhle. Ich halte ihn unter dem Arm fest – o Liebkosung seiner sprossenden Federn! ... – Weiter geht's! ... und ich drücke etwas fester – damit er nicht fällt, damit ich spüre, wie er an meiner Haut glüht, erkaltet, zuckt – und da stirbt er! ...

Das ist ein böses Vorzeichen.[9] – Ekel! ... Warum Ekel? Wäre das Leben denn ebenso sauber, sauberer als der Tod? – Wenigstens ist der Kadaver nicht sperrig.

Werde ich die Kraft haben, ihn – den anderen – in einem Stück zu tragen, oder werde ich ihn zerstückeln, die besten Teile wählen müssen? ...

– Oh! ich habe mir selbst Angst eingejagt! Es ist doch aber noch nichts vollbracht; ich dachte mir das nur ... zum Spaß.

... Bin ich, eine Kriminelle seit der Kindheit, wahrhaftig verdammt, alles zu zerstören, was ich liebe? Nein: er wird das infame Opfer verhindern. Ist er nicht mein Erwählter, weil er der Stärkste ist? – Barbar! unterwirf mich; gib mir zuerst nur das Vulgärste an deinem Körper, das, woran zu hängen ich am wenigsten gelernt habe. Nimm dich gut in acht vor diesem Mund, diesem Nacken, diesen Ohren – vor all dem, was sich bis zum letzten Tropfen deines köstlichen, fremden Blutes beißen, zerreißen, aussaugen läßt.

Es ist deine Schuld! Warum hast du mich nicht durchschaut? Warum hast du mich nicht den Henkern ausgeliefert? Ich hätte dich dennoch geliebt, ich wäre glücklich gestorben. Ich wollte dich als Sieger sehen, und du hast dich besiegen lassen! ...

Was nützen die Vorwürfe? Er hört mich nicht; er kann mich nicht hören ...

Zu mir allein: Warum ihn besiegt haben? (Habe ich also aufhören wollen, dich zu lieben, Holofernes?) – Kindisch, oh kindisch! ... Warum essen wir? Die Frage stellt sich erst, wenn man keinen Hunger mehr hat ...

Und sieh dir meine Brüder an! Die haben nichts zu befürchten, denn mir graust vor ihnen. Vaterland, Kerker der Seele! Eingesperrt, habe ich wenigstens die Gitterstäbe, und sogar durch sie hindurch zu sehen gewußt ...«

Das Volk Israel jubelt ihr zu.

Doch Judith, zuerst verblüffter als ein mißhandeltes Kind, läßt sich im Triumph hinwegtragen – wie im Schlaf. Alsbald erwacht sie, trunken vor Gelächter und Unverschämtheit, und aufrecht auf dem Sockel aus menschlichem Fleisch, ruft sie aus:

»Mein Volk! *was habe ich mit dir zu schaffen?*[10] Wer hat dir erlaubt, in mein Privatleben einzudringen? über meine Taten zu urteilen und sie schön zu finden? mich (so schwach und so müde, ihre ewige Beute) mit deinem abscheulichen Ruhm zu beladen?«

Aber ihre Worte wurden überhaupt nicht verstanden, nicht einmal gehört. Die Freude einer Menge mit tausend Mündern – und keinen Ohren.

Der Männerschwarm

(Penelope die Unentschlossene)

Indes sind dir in gar nichts schuld die Freier, sondern deine eigene Mutter, die fürwahr viele Listen kennt. Denn schon seit drei Jahren – bald vieren – betrügt sie da die Herzen der jungen Griechen. Allen erweckt sie Hoffnung; jedem macht sie Versprechungen; sie verschickt Botschaften; doch trachtet ihr Sinnen nach anderem.

Homer[11]

Für A. G.

Wählen! Sie wollen, daß ich zwischen ihnen wähle. Welch ein Verdruß! Gewiß, Antinoos ist schön, Antinoos, Sohn des

Eupeithes; aber Eurymachos, Sohn des Polybos, ist auch nicht schlecht. Es fällt mir schon schwer, zwischen Wollknäueln zu entscheiden, welchen ich vorziehe, und welches Muster der Stoff haben soll. Alles hängt davon ab, in welchem Licht man es betrachtet. Fäden ändern sich je nach dem Tag, grau oder honigfarben ... Aber einen Mann zu nehmen, und vor allem die anderen fortzuschicken – das ist eine schreckliche Verantwortung!

Odysseus gewann mich nicht ohne List. Es waren die Gefälligkeiten, die er Ikarios, meinem Vater, erwies, die mich verpflichteten, ihn zu heiraten. – Wenn er sich nach der Rückkehr von seiner fernen Reise unter die Freier mischen könnte, freundlich, ohne Groll – welch eine Freude: ich hätte einen Verehrer mehr! Aber ich bin mir seines Herzens nicht sicher. Und im Zweifelsfall ist es unendlich viel besser, daß er auf Meereswegen umherirrt, die unablässig von den Wellen verwischt werden ... Der Geschmack der Gischt wird ihn *die Tränen, die ich gar nicht vergossen habe,*[12] sehen lassen. Ich bin brav, und das Salz verdirbt die Augenlider.

Ein immerwährendes Fest findet in meinem Palast statt. Denn sie haben ja nicht die gleichen Gewohnheiten – dank der Schläue der Göttinnen, die über unsere Liebeshändel wachen. Ich trinke, ich esse mit ihnen; ich schmiege mich an ihre gehärtete Brust – an all die Kanten, die mir schmeicheln. Ich bin glücklich!

Nur ein Zeuge stört ein wenig unsere Liebesspiele: er hängt an seinem Erbe. Die armen Freier! Sind die Stiefsöhne von heute nicht furchtbare Rabenkinder? (»Was verkündest du, Medon? Telemach, bedroht, ist fort? Ach! desto besser, desto besser! Wenn er nur seinen Vater nicht zurückholt! ...«)

Nachts leide ich an Schlaflosigkeit. Wegen dieses Leidens möchte ich manchmal einen in meinem Bett empfangen – *ach! müßte ich mich darum nur nicht den anderen, und vielleicht dem, der es am meisten verdient, verweigern* ... Ich leide an einer süßen Schlaflosigkeit, die weniger eitel ist als ein Traum ...

Für meinen augenblicklichen Günstling webe ich eine Tunika, die zu seinem schönen Körper paßt, einen Mantel, der seine Seele zusammenfaßt. Und sein changierendes Muster, *couleur du temps*[13], dient mir als Vorwand: »Das ist das Leichentuch des Laërtes«, sage ich ihnen mit meinem subtilsten Mund. »Ich werde keine Wahl treffen, bis es nicht fertig ist.«

Der Schlaf der Menschen hat indes noch nicht zur Hälfte seinen Lauf genommen, da verblaßt meine unsinnige Vorliebe mitten in der Arbeit: – Um meinen Entwurf zu verschönern, will ich diesen bleichen Purpur hinzufügen ... Ich werde vergeßlich! Wem hatte ich die Tunika eigentlich zugedacht? Eurynomos hat eine zu rosige Haut. Sie wird Leiokritos besser stehen. Doch ist es Ktesippos, an den ich denke, während ich mein Werk auftrenne; für ihn will ich es morgen von neuem beginnen.

Das köstliche Kind, betrunken seit dem Morgen, verfolgt eine meiner Dienerinnen. Ich halte ihn auf und erkundige mich nach seinen Vorlieben: »*Magst du Mauve, mein Liebster?* ...«

Aber die Sterne sind noch nicht zahlreich am Himmel, da hat Melantheus, der Sklave Melantheus, mein Herz schon wieder zurückerobert. – Mauve ist so fade! Erzählt mir lieber von einem heißblütigen Rot, mit blauen Streifen – ein wenig Gold, das man im Gewebe errät … Ich habe weder Metall noch Seidenstoffe, die rein genug sind. Morgen werde ich danach suchen …

Aber morgen begleitet mich Leiodes. Er weiß zu wählen. Er hat mir diese weiße Wolle empfohlen, flauschig, weich wie die Daunen einer jungen Taube, und durchflochten mit einem Gold-, einem Silberfaden. Ich habe nicht ablehnen können. Natürlich wird die Tunika für ihn sein. Seinem fahlen Haar, seinem mondfarbenen Teint wird es zum Stolz gereichen, deren Glanz mit dem ihren zu vergleichen. Er wird die der Diana geweihte Jungfrau sein, die ich die gotteslästerliche Freude haben werde zu verführen und zu initiieren …

Aber da ich zum Fest zurückkehre, höre ich den Sänger Phemios und werde von seiner Stimme ergriffen. Ich werde das Heldengedicht weben, das er mit soviel Genie komponiert, wo die Reisen und der Tod des unglückseligen Odysseus beschrieben, imaginiert werden. Gewiß, diesmal wird es der angemessene Hochzeitsmantel für meinen neuen Gemahl! Ich werde mein Werk nachts nicht mehr auftrennen. *Das feine, übergroße Geweb*[14] wird bald vollendet sein. Mein Hymen bereitet sich insgeheim vor …

– Plötzlich Odysseus' unverhoffte Rückkehr, die Ermordung der Freier ... Allein Phemios ist verschont worden – o Götter! Odysseus kehrt zu spät zurück! (Es scheint, er ist ein wenig zu tief bei Kalypso eingeschlafen ...) Gegenwärtig bürdet er mir das Leben des Phemios auf. Ich habe mein Versprechen gegeben. Ich werde Wort halten: Der Sänger wird mein Liebhaber sein. Odysseus wird es erfahren, aber er wird sich unwissend stellen. – Odysseus ist nicht mit Menelaos zu verwechseln. – Wie! werde ich schweigen, um seinen übelerworbenen Ruhm nicht zu beflecken? Ach! könnte ich diesen doch so leicht besudeln wie sein Bett! Seine Lorbeeren verbrennen, sie noch grün verbrennen – das Vergnügen einer Frau! ... Aber er wird die seinen in Sicherheit zu bringen wissen. Listenreicher Fuchs! Er wird seine überaus keusche Gemahlin lobpreisen und sie feig von hinten vergewaltigen – und zwischen den dicken Mauern wird er sie zum Schreien bringen.

O Götter, die ihr die Sterblichen mißhandelt! – Wählen, dulden: Schmeichelworte, Lügenworte.

– Das ist das gleiche.

Helena die Rebellin

Er will, daß wir in den Gesängen leben der kommenden Menschengeschlechter.

…

… süßes Verlangen nach dem ersten Gemahl, nach Vaterstadt und den Eltern; sie stürzte fort aus der Kammer, zarte Tränen vergießend.

Homer[15]

Für den »Schauspieler«

Ich weiß wohl, daß ich häßlich bin, aber ich bemühe mich, es zu vergessen. Ich spiele die Schöne. In allem, und vor allem im Angesicht des Feindes, *benehme ich mich völlig so, als ob ich die Schönste wäre. Das ist das Geheimnis meines Charmes*. Lug und Trug! Ich werd' mich schließlich noch selbst davon täuschen lassen.

Als Menelaos mich zur Frau nahm, war ich jung und, trotz meiner Herkunft, unbekannt. Aber ich liebte ihn. Er ist so blond! Schon aus Instinkt, aus Faueninstinkt, spielte ich für ihn meine Göttinnenrolle (Tochter des Jupiter und der Leda – nein, nicht der Leda, der Venus. Venus hat auch vom Schwan kosten wollen). Ich habe ihn geblendet. Die Pfeile meines zarten Bruders stachen ihm beide Augen aus. Ich schwor, nie einem Sterblichen der Welt zu gehören: Helena ist dem Bett der Götter vorbehalten. Kurz, ich spielte die Kostbare und wußte den Preis für meinen Besitz so hoch zu setzen, daß er nicht mehr daran dachte, um den Wert zu feilschen.

Als wir verheiratet waren (*wozu verschüttete Milch – oder Wein – beweinen?*), brauchte er nicht lange, um zu begreifen, was man aus mir machen konnte: er lancierte *die schöne Helena*. Aus Eitelkeit, ein wenig aus Rache, wollte er beweisen, daß andere noch dümmer sind als er. Er wird keine Ruhe geben, bis er nicht alle Könige der Erde zu meinen Füßen hat kriechen sehen.

Meine Anfänge waren recht schwierig. Verliebt in Menelaos, tat ich gegenüber den anderen wider Willen kokett. Ich muß gestehen, daß ich bemerkliche Ungeschicklichkeiten beging. Ich holte mir die entmutigendsten Körbe. Patroklos jagte mich fort: »*Denk nicht daran! Frag doch mal Achill!*« Ich war damals noch unschuldig: ich glaubte, daß die Katastrophe für unsere Ambitionen endgültig sei. Ich weinte. Menelaos beruhigte mich. Er hatte immer Vertrauen zu meinem Genie. Nie zweifelte er an seiner Helena. – Im übrigen, Pech für Patroklos: sein Ruf deckte den meinen.

Agamemnon war mein erster Liebhaber. – Ein ausgezeichneter Köder, um andere herbeizulocken. – Davon abgesehen, ein mittelmäßiger Erfolg: Ich glaube wirklich, er hat mich nur genommen, um seinem Bruder eine Gefälligkeit zu erweisen. Er behandelte mich wie eine Dienerin. Er konnte dem Vergnügen zu spotten nicht widerstehen – mein Kinn zu sich, dem Größten unter den Menschen, emporhaltend: »*Hübsch, hübsch bist du nicht gerade ... aber je nun!*« Zum Glück blieb das in der Familie! Das Gesinde, diese furchtbaren Klatschmäuler, war nicht im Haus. Unwichtig, Menelaos machte sich Sorgen. Die Szene könnte sich wieder ereignen. Es war an der Zeit, mich auszubilden. Er ließ mich in Verführung unterrichten.

Am Giebel des Tempels steht in Rosenbuchstaben:

Die KUNST der FASZINATION
und des MAGNETISMUS

Unter den Portiken studiert man im Gehen und zählt seine Schritte; man meditiert über die Maximen, die auf Tafeln stehen, die in wohlberechneten Abständen befestigt sind:

Herkules hat gesagt:

UNMÖGLICH ist KEIN GRIECHISCHES Wort

– weiterhin:

UNMÖGLICH ist das Lieblingsadjektiv der DUMMKÖPFE

. . . .

Nichts gedeiht besser
als der ERFOLG:

LACHT, und das Universum lacht mit euch;
weint, und ihr weint allein.

. . . .

. . . .

Die vier theologischen Tugenden
sind:

das VERTRAUEN in sich selbst, die AMBITION,
die BEHARRLICHKEIT und der GUTE HUMOR.

. . . .

. . . .

. . . .

Haltet ORDNUNG um euch, aber
ebenfalls IN EUREN GEDANKEN.

Ein Platz für jedes Ding;
jedes Ding an seinem Platz.

. . . .

. . . .

Vergeßt nicht, daß JEDER MANN einen SCHWACHPUNKT hat.
Ihr müßt nur entdecken, WELCHEN.

. . . .

¿ ¿ ¿ ¿ ¿ ¿ ¿

¿ ¿ ¿ ¿ ¿ ¿ ¿

Einem geschickten SCHMEICHLER sind wir ALLE AUSGELIEFERT
LERNT ZU SEIN WIE ER

Als ich die Schule verließ (wo den Elevinnen natürlich die Wahrung des Berufsgeheimnisses versprochen wurde: DISKRETION, SICHERHEIT), wurde mir ein kostbares kleines Handbuch überreicht, in dem die täglichen Übungen und die wichtigsten Ratschläge zusammengefaßt sind:

Übungen in der Ruhe, im Atmen, im Anstand, in Diplomatie, für die Stimme, im Blickewerfen – in der unwiderstehlichen Art und Weise, den Männern schöne Augen zu machen.

Wie man harmonisch in Rage gerät; wie man beim Weinen die Regeln der Ästhetik befolgt; wie man nur mit den Lippen lächelt; welches Maß an Schamhaftigkeit der Jungfrau geziemt, und welches der Matrone ansteht; über die Wahl der Kleider und des Schmucks, und wie man die schwierige Einfalt vortäuscht, die den naiven Alexander glauben ließ: »Wenigstens wird mich die da nicht allzuviel kosten! ...«

Die wichtigste Schönheitsübung ist diese:

»Sich bequem in einem verdunkelten Zimmer hinsetzen – und *an nichts denken*. Dies jeden Tag, einige Minuten lang – deren Zahl stufenweise und unbegrenzt erhöht wird.«

Pünktlich übe ich mich in des Meisters System, dessen Buchstaben und Geist ich innehabe. Ich glaube an ihn – und das ist die letzte Begnadung, die er uns wünscht.

Ich werde ihm so viele Beglaubigungen unterschreiben, wie er will. Denn, Menelaos hat recht, »mit meiner Stimme könnte ich Sirenen verführen; mit meinem Blick könnte ich Schlangen bannen«.

Ich weiß wohl, daß der scharfsinnige Odysseus uns vor kurzem durchschaut hat; und daß er zu Telemach, der ihm vorwarf, sich mit mir zu kompromittieren, zu sagen erdreistete: »*Pah! es kostet mich so wenig, und* ihr *macht es solche Freude* ...«[16]

Dieser alte Fuchs ist schrecklich hellsichtig. Ich weiß genau, daß er mich nicht einmal begehrt. Ach! Menelaos verlangt seine Eroberung. (Warum vollbringt er es nicht selbst? Er, so blond, so ein *hübscher Bursche*. Für ihn wäre es viel leichter!) Zum Glück ist Odysseus einer von diesen sonderbaren Monstern, selbst deren Körper aus Lügen gewebt sind: sie machen Liebe mit den Steinen, wenn es ihnen gefällt! Im übrigen mag er schwatzen. Wer wird ihm glauben? Wer nimmt den König von Ithaka ernst?

Ich würde also in Frieden leben, wenn ich nicht Paris hinterherlaufen müßte, um meinem grausamen Gemahl zu gehorchen, um uns beiden diesen unsterblichen Ruhm zu verschaffen, der ihm so sehr am Herzen liegt – und mir so unwichtig ist! ...

Mir reicht's. Helena lehnt sich auf. Sie glaubt nicht an das Schicksal, weniger noch an die Götter. *Ich sage es euch fürwahr*, und müßte ich Menelaos mit Gewalt entführen – ich habe genug mit Priam und seinen Söhnen geschlafen! –, ich werde Lakedämonien wiedersehen, und werde keusch leben, wenn mir der Sinn danach steht!

Ich habe für dich gearbeitet, mein lieber Atride, und ich verlange endlich meine Belohnung. Über das Alter eines Zuhälters bist du hinaus. Was wir brauchen, sind ein Landhaus in einem Vorort von Sparta, Kinder, Ruhe.

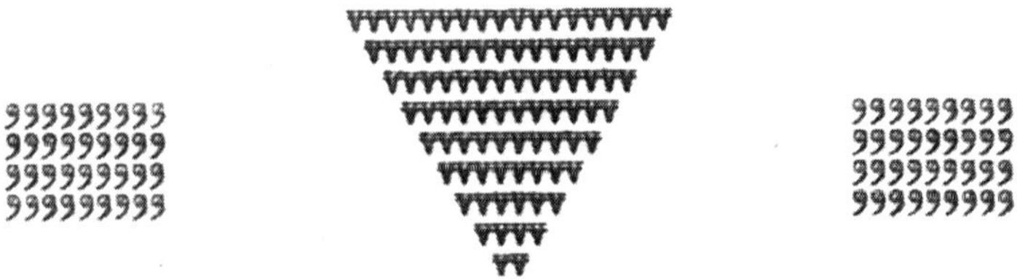

Sappho die Unverstandene

Was willst du von mir, Tochter des Pandion, uranische Schwalbe?

Von euch, die ihr schön seid, denke ich unverändert: ihr geltet mir nichts. Ich verspüre keine Nachwirkungen meines Zorns, und mein Geist ist heiter.

– Trauere ich noch immer meiner Jungfräulichkeit nach?

Ich weiß nicht, wo ich stehe, denn zwei Gedanken sind in mir …

Sappho[17]

… and the earth,
Filled full with deadly works of death and birth,
Sore spent with hungry lusts of birth and death,
Has pain like mine in her divided breath;
Her spring of leaves is barren, and her fruit
Ashes …

Swinburne[18]

Für Chana Orloff[19]

Schaffen, das ist mein Glück. Es kümmert mich wenig, was. Meine breiten Weichen könnten ein ganzes Volk umfangen. Es gibt Tage, da stelle ich mir vor, daß Pallas in voller Rüstung aus meinem Haupt steigen werde, wie ein Küken aus dem Ei. Mühelos gebiert meine Leier Rhythmen und Melodien. Die Worte bieten sich an, und sich selbst skandierend, ordnen sie sich in meine Gesänge:

Sponte sua carmen numeros veniebat ad aptos,
Et quod tentabam dicere, versus erat.[20]

Ach! die Wahrsager versichern, daß mein Schoß unfruchtbar ist. – Unfruchtbar? Möglich; sicher ist es nicht. Wie soll man die Probe darauf machen mit derartigen Liebhabern? Alle lasterhaft, lesbischer als Sappho: Nie verlangen sie *das Übliche*! – Ob aus diesem oder jenem Grund, das Ergebnis drängt sich auf:

Ich kann nicht im Fleische gebären – ausschließlich aus der Seele, einem Hauch, dem Wind … Ich glaube an die Unsterblichkeit, aber nicht an den Wert der Seele.

… Ich weiß: man sagt mir nach, ich hätte eine Tochter: Kleïs. – Aber das ist eine kindische Annahme; sie ist nur meine

Adoptivtochter. Ich könnte erklären, wie ich während Kerkylas' Abwesenheit vorgab, ich hätte sie zur Welt gebracht, um zu verhindern, verstoßen zu werden (viele Athenerinnen handeln so). Ich könnte sagen (und, so verkannt bin ich! das wäre das Plausibelste), daß ich, noch mannbar, doch alternd, *à la mode de chez nous* ein Mädchen ehelichte und wir – wie es der Brauch ist – gemeinsam die kleine Kleïs gewählt haben, damit sie uns als Püppchen diene.

Ich muß offen sprechen: nichts davon stimmt. Das Kind kam von selbst zu mir ... (Meine Dienerinnen kannten die Weisung: *Lasset die Mädchen zu mir kommen.*)[21] Sie war neun Jahre alt und hatte schon die tyrannische Laune. Sie war's, die diese Adoption verlangte, indem sie versicherte, so wäre ich ihr verbundener ...

Ja, das ist mein Unglück: *Alle Frauen laufen mir hinterher*. Ist es meine Schuld? Glaubt nicht, daß ich das lustig finde! – Sehe ich etwa so aus? – Verflucht sei mein Vater Skamandrogynos! Verflucht die heiligen Sitten von Lesbos! – Ach! könnte ich doch fliehen ...

Ich hatte es geschafft, mit Alkaios ins Exil zu gehen. Wir erreichten Syrakus. Damals hoffte ich ... aber ihr wißt ja, wie Dichter sind! Wir trennten uns: aus niedrigen Eifersüchteleien des Metiers, wegen seiner enttäuschten Eitelkeit, weil ich im Tempel der Hera nicht den Schönheitspreis gewonnen habe – vor allem aus dieser bizarren Manie, die Tat zu verachten, zu behaupten, daß für Wesen mit herausragenden Seelen, so wie ihn ... so wie mich (dies gezwungenermaßen und aus Höflichkeit gesagt), sich alles in sublimen Worten erschöpfe. So trösten sich die Unvermögenden. Aber was wird aus ihren Opfern? Sie kommen nur von einer Langeweile in die nächste.

Von den Dichtern angewidert, verliebte ich mich in einen jungen Mann aus gutem Hause, der kaum erst von seinem Lehrer entlassen worden. Ich hoffte, sein jungfräulicher Samen würde in meinem Schoß ein Wunder wirken. – Er wollte reisen, meine Heimatinsel besuchen. Er war neugierig auf meinen Ruhm. Dafür wurde er tüchtig bestraft!

Kaum von Bord, bestürmen uns tausend Frauenarme. Jede will mich im Triumph in ihr Bett führen. Mit größter Mühe befreie ich uns und schließe mich im Haus mit Phaon und Kleïs ein. Diese gönnt mir überdies kein bißchen Ruhe, bis wir nicht sämtliche bekannten Liebkosungen dreimal wiederholt haben! Phaon, dem unsere Gebräuche fremd sind, wird argwöhnisch. Unmöglich, daß er mich auch nur entlang der verlassenen Küste begleitet. Er macht mir Vorwürfe, weil ich eine Chlamys trage, den kurzen Chiton, der die rechte Brust sehen läßt, anstelle des doppelt gegürteten Peplos – und barhäuptig ausgehe. Sappho, *der Richterin über die lesbische Eleganz,*[22] will er Lehren in Mode und Anstand erteilen! Ich mag tun und sagen, was ich will: »*Bei mir, mein Lieber, macht man sich nie bemerkbar.*« Er ist eingeschüchtert; er bekommt Angst; er verläßt das Land.

Ich bin in Verzweiflung. Der Verlassenen bleibt nur noch *der Sprung vom Leukadischen Felsen*.

Das ganze Volk, am Strand zusammengelaufen, hat mich dort oben gesehen, unermeßlich und winzig, am Rande des fatalen Felsens. – Ich bin doch nicht dumm! Es war nur eine Kleiepuppe, die von Kleïs, die sich versteckt hatte, ins violette Meer gestoßen wurde. (Im Kino läßt man sich ja auch davon täuschen.) Atthis besitzt gute Ohren: Hat sie nicht gehört, wie mein Todesschrei an den Klippen zerbrach?

Währenddessen, auf offener See in meinem Boot sitzend, leise singend und meine Leier stimmend, wartete ich ruhig auf den Abend ...

In der Nacht – wie meine Schwestern, die Sirenen, die weniger schamlos sind als meine sterblichen Schwestern – locke ich die Passanten an, vorzüglich die Passantinnen, und ertränke sie langsam mit meinen kräftigen Händen ...

Wenn man darauf verzichtet zu schaffen, bleibt nichts als zerstören: denn kein Lebender kann sich stehend – unbeweglich – auf dem Rad des Schicksals halten.

Maria, Mutter unter den Müttern

Maria

Mein Gott! mein Gott! mein Gott! wie unselig ich bin!
Ich hab' das alles vorhergesehen, als er klein war.

…

»Es ist echt kein reines Glück, seine Mutter zu sein!«

…

Ich habe sehr unter dir gelitten, als ich schwanger war.

Jean Aicard[23]

Eine Mutter ist, als Mutter, immer mehr dumm als böse. – Sie möchten doch nicht etwa eine entartete Mutter haben? – Sie möchten doch nicht etwa, daß die Große Maria eine Ausnahme sei?

Verstehen Sie, um zu verzeihen. Sie können es nicht? Dann verzeihen Sie, um zu verstehen.[24]

Als Joseph damit drohte, mich heimzuschicken, war ich noch Jungfrau, wenn auch schon schwanger mit dem lebendigen Wesen, einem allzu lebendigen, was mich in seinen Augen in Schande brachte. Ich war sehr unwissend und begriff nichts: He! na was, nach unserer Verlobung hatte mein Verlobter so oft versucht, mich zur Frau zu machen, ohne etwas zu erreichen außer beiderseitigen Schmerzen – gefolgt von einem edlen Austausch von Vorwürfen, manchmal von Beschimpfungen. Man muß annehmen, daß irgendetwas in mir zu hart, zu widerständig gegenüber dem Mann war – irgendetwas in ihm zu schwach, zu reserviert gegenüber den Mädchen. Wir mußten es aufgeben, ohne jedoch unsere Pläne zu ändern: da wir uns in der gleichen Lage befanden, wäre es eine ausgezeichnete Vernunftehe.

Bald wurde ich gewahr, daß mein Bauch schrecklich anschwoll. Die Nachbarin bedauerte mich und wollte mir zur Abtreibung verhelfen. Aber wo anfangen? Wie es anpacken? Sprachlos stand sie vor ihrer Aufgabe. Ich war ein Monster, sie wollte verrückt werden … (Ob sie noch immer Engel macht? Sie verließ das Land. Ich fragte nicht mehr nach ihr: An meinem eigenen Leben habe ich genug zu ertragen – auch ohne das der anderen!)

Blieb Joseph. Es blieb, ihm zu beweisen, daß das Kind von ihm ist … Von wem sollte er auch sein, o Herr? … [Ein braver Bursche, Gabriel, der Sohn einer anderen Engelmacherin, ließ sich überreden, ihn zu beschwatzen.][25]

Jede Frau sei dafür gemacht, Mutter zu sein, und Maria vor allen (das ist wahr, es ist meine Berufung!). – Gerührt von meiner Unfruchtbarkeit, sei er uns ohne unser Wissen zu Hilfe gekommen: während wir schliefen, und so wie die Biene zur Befruchtung in die Blumen eindringt, habe er das, was Joseph gehörte, Maria gegeben. Das sei nicht schwierig gewesen ... Hier hielt Gabriel inne und lächelte. Joseph, der erotische Träume hat, errötete und war verwirrt ...

Die Hoffnung kehrte zu uns zurück. Von meiner Jungfräulichkeit befreit, der Beischlaf überstanden, würden wir einander kennenlernen können. Wir würden glücklich sein. Wir würden mehr Kinder machen ...

Als Erstgeborener kam Jesus zur Welt. Anfangs war das charmant. Ich säugte ihn selber und habe nie das zarte, schon beinahe intelligente, gebieterische Saugen seines runden, genäschigen Mundes vergessen – ebensowenig wie seine geschwollene Lippe.

Es war ein außergewöhnliches Kind! Unwahrscheinlich frühreif! Mit fünf Jahren konnte er bereits den Ochsen vom Esel im Stall unterscheiden und einen jeden mit seinem Namen bezeichnen. Mit sieben Jahren hatte er ganz von allein gelernt, in ein Rohr zu blasen, das Joseph für ihn ausgehöhlt hatte – und pfiff wie eine Amsel. Wenn er sich mit seinen Schulkameraden schlug, konnte man sicher sein, daß er sie verhaute; andernfalls wurde er ehrenvoll besiegt. Er hat nie Angst vor dem Wasser gehabt: er kam zu mir, um sich das Gesicht waschen zu lassen; noch besser, mit dreizehn Jahren stieg er mutig in den Fluß und planschte herum wie ein kleiner Fisch.

Ich sage das nicht, weil er mein Sohn ist. Wirklich nicht! – *Alle Welt ist sich darin einig* – seine Intelligenz, seine Schönheit, sein Herz haben nicht ihresgleichen. Und wenn Sie sehen könnten, wie sehr er seine Mutter liebt! ... Um den Gutenachtkuß muß man ihn kaum bitten, höchstens spielerisch. Auch seinen Vater liebt er, *das versteht sich*. Er plaudert mit ihm, arbeitet brav mit ihm. Aber *ist das etwa das gleiche*? Es gibt die Pflicht, und es gibt das Vergnügen ...

Mit zwölf Jahren machte er mir großen Kummer: er lief von zu Hause weg und, so hieß es, beschimpfte die Priester im Tempel, kurz, er spielte ihnen übel mit, verspottete sie. – Was wollen Sie? Kinder sind schließlich Kinder – und selbst die besten ...

Ich habe ihn streng gescholten: »Was hast du Schlingel angestellt! Du Sohn einer Hündin! Ah! das ist ja die Höhe! Aber was soll man von einem Kind erwarten, das, um zur Welt zu kommen, seine eigene Mutter vergewaltigen mußte?« (In der Tat, vor allem der Kopf, aufgrund des Heiligenscheins ... Das war nicht schön, das kann ich Ihnen versichern. Aller Schmerz der Menschheit ist ein Nadelstich gegen meine Schmerzen!) Als ich diese Worte zu ihm gesprochen und ihn dabei ein wenig geschüttelt hatte, weinte er, daran kann ich mich sehr gut erinnern. Er hat ein so zartes Herz!

Natürlich ließ ich im Dorf verbreiten, er habe im Tempel mit hochweisen Doktoren diskutiert und sie alle beschämt. Schließlich war das vielleicht die Wahrheit: im Laufe der Zeit ist es nie in Abrede gestellt worden.

Nun gut! mit dreißig Jahren verließ dieses herzlose Monster sein Elternhaus, sein Vaterland und seine ganze Familie, um in der Welt herumzustromern! ...

Ich mußte mir die verschiedensten Meinungen anhören:

Manche kamen zu mir mit verdrossenem Gesicht und einer Umstandsstimme, nie um die liebenswürdigsten Beileidsbezeugungen verlegen: »Meine arme Maria! Sie müssen ja so leiden! Diese Magdalena muß abscheuliche Verführungskünste kennen, um ihn derart von Ihnen abzuwenden ... Sein Vater muß sehr unglücklich sein!« – Aber so ließ ich nicht mit mir umgehen. Wütend wie eine Wölfin erwiderte ich: »Ihr, die Ungläubigen, seid mir gerade die Rechten, um derartige Erdichtungen zu bezeugen! Daran ist nichts wahr. Mein Sohn schreibt mir regelmäßig; und sein Cousin Johannes der Täufer hat mir Nachricht von sich zukommen lassen. Sie beide sind auf der Suche nach dem Messias. ... Zweifellos ... ich bin ganz allein – was wollen Sie, so ist das Schicksal der Mütter! –, aber sehr glücklich zu sehen, daß er in der Welt seinen Weg geht!« (Jedoch beklagte ich mich bei Joseph: »Hör dir an, was man mir erzählt hat ... Ach! er beträgt sich vorzüglich, *dein* Sohn!«)

Andere behaupteten im Gegenteil, Jesus besser zu verstehen, zu lieben als ich selbst! ... Das werde ich nicht dulden! Auf alle ihre lächerlichen Lobreden und ihre Wunder und ihre Gleichnisse erwiderte ich ganz einfach: »Man merkt, daß ihr ihn nicht kennt! Nicht ihr habt die Mühe gehabt, ihn aufzuziehen! ... Und Magdalena! Und Johannes, dieser kleine lockige Blondschopf! ... Ah! ich weiß alles, geht mir fort! ... Ihn tausend Tode sterben zu sehen, ist mir lieber, als ... Daran zu denken, daß ich es bin, die das auf die Welt gebracht hat! Glücklicherweise hat mir der Herrgott seine Brüder gegeben, meinen Trost ... Ein Mann von Genie, ein Dichter? ... Das mag sein! ... Was soll ich damit anfangen? Hat ein Mann denn nie Genie für seine Mutter übrig? Und dann, das ist noch nicht alles – Bärenhäutergeschichten! ... Bevor man ein großer Mann wird, muß man ein rechtschaffener Mann sein, ein tüchtiger Arbeiter – wie Joseph zum Beispiel!« (Nicht, daß Joseph perfekt gewesen wäre. Ihm fehlt es an Takt. Ich habe ihn oft darauf aufmerksam machen müssen: »Mein Junge wird die Frauen nicht so behandeln. Ach! ich beneide diejenige, die er erwählen wird.« Aber das geht die anderen nichts an.)

Ich werde verrückt. Ich habe ihn am Kreuz gesehen, ohne eine Klage – ein Heros. Er verlangte gerade einmal ganz mild zu trinken. Und nichts für ihn tun zu können! Ich, der ich mein Blut Tropfen für Tropfen auf seine so schönen Lippen geträufelt hätte, um, wie früher, seinen Durst zu stillen, und ihn auf meinem Schoß sanft gewiegt hätte: meinen kleinen Jesus, mein Lieblingskind ... O die Lumpen! die Henker! die Mörder! ...

Johannes benahm sich bewundernswert; und *mein* Jesus fand noch mitten in seinem entsetzlichen Todeskampf die Kraft, mir diesen treuen Jünger zu empfehlen. Sicher wird Johannes für mich wie mein eigener Sohn sein ...

Aber wie schade, daß ein so begabter junger Mann sich nicht auf die Tischlerei versteht, und daß er unverständliche Dinge schreibt. Schon der Titel: die *Apokalypse*. Wer wird das jemals lesen? – Ach! wenn mein Sohn noch da wäre, welch schönes Buch hätten wir in den Feierstunden zu lesen gehabt! ...

Ja, *mein* Sohn. Joseph hat damit nichts zu tun. Man zollt ihm jetzt Anerkennung, aber ich hab's mir immer gedacht, und ich werde es laut ausrufen, sollte ich meinerseits gekreuzigt werden: »Ich hab's euch ja gesagt, daß er Gottes Sohn war! Und sogar sein eigener Vater: der eine, einzige, unteilbare Gott! ...«

Folglich ist er auch mein Sohn, und das ist ein Wunder. Das größte Wunder, das es jemals gab und jemals geben wird.

Jakob. Joses. Simon. Judas. Ich habe vier Söhne, auf die ich sehr stolz bin, das versichere ich Ihnen. – Wie sagen Sie? Jesus? ... Gewiß. Ich habe ihn nicht vergessen. Er war der erste, glaube ich, der Älteste meiner Söhne ... ein braver kleiner Knabe. Und so gut erzogen! Man hätte niemals glauben können, daß er so enden würde.

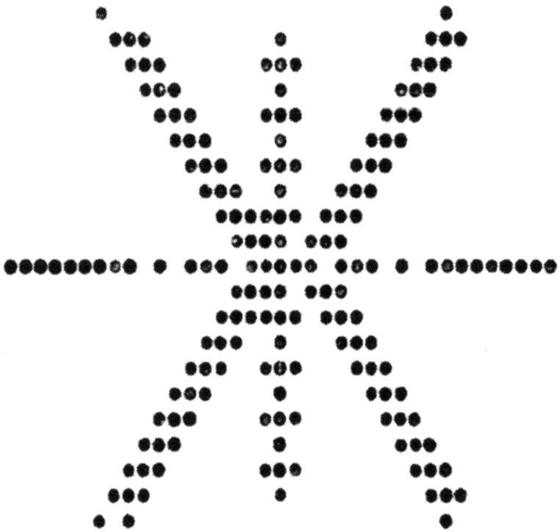

Aschenputtel, das demütige und hochmütige Kind

Sie verlor eins ihrer Glaspantöffelchen,
welches der Prinz gewissenhaft aufsammelte.

Perrault[26]

Mein Vater verheiratete sich wieder, und das stimmte mich sehr froh. Ich hatte immer von einer Stiefmutter geträumt. Der Himmel überschüttete mich: indem er mir zwei angeheiratete Schwestern schenkte. Sie waren köstlich grausam. Ich mochte vor allem die ältere, die mich hinreißend verachtete: Nannte sie mich, da sie mich immer in der Herdasche sitzen sah, deren Wärme mich mit Wonne erfüllte (manchmal sogar bis zu Verbrennungen), mit ihrer lieben vertrauten Stimme nicht *Aschenbrödel*? Nie klang mir ein Wort süßer in den Ohren.

Unglücklicherweise waren es hübsche Mädchen, gut zu verheiraten; sie würden uns bald verlassen und mich mit meinen Eltern alleinlassen, die, nur einander lebend, die Welt mit der Zärtlichkeit von Betrunkenen betrachteten – und ich eingeschlossen in ihrer großartigen allumfassenden Gleichgültigkeit. Ich werde alles tun, um diese Heiraten zu vermeiden ... Aber wie soll ich es anstellen, ich, die ich von liebevollem Wesen und so unterwürfig bin? ...

Überdies spürte ich, wie mein Vergnügen mit jedem Tag abnahm und meine Ekstasen schwächer wurden. Ich begriff den Grund dafür (mich, *faute de mieux*, der einsamen Träumerei widmend, dachte ich oft nach): solche Genüsse werden durch die Gewohnheit fade. Ich war damals zu knechtisch, zu gedemütigt, um die alltägliche Erniedrigung voll zu genießen. Ich mußte wieder ans Ufer steigen, auf ein hohes Ufer, um mich von neuem in das unendliche Meer der menschlichen Wollüste zu stürzen. Eine Königstochter, ach! *wäre ich eine Königin!* ... Mich verehelichen, mich öffentlich verehelichen mit dem geringsten meiner Vasallen, es erreichen, daß er mich zur Abdankung zwänge, mich mißhandelte, mir die Schlampen seines Dorfs vorzöge! ... *Ließen sich solche Phantasien verwirklichen?*

Meine hochweise Patentante, Madame Fee, der ich meine Wünsche gestand, kam mir zu Hilfe. Sie kannte unsern Prinzen gut (einst hatte sie sogar seiner Taufe beigewohnt) und verriet mir, durch welche *kuriosen Besonderheiten* er zu verführen wäre:

Er besaß eine Leidenschaft für Frauenschuhe. Sie berühren, sie küssen, getreten werden von ihren charmanten Absätzen (spitzen und mit scharlachrot gefärbten Absätzen, damit sie blutverschmiert erschienen), das ist die bescheidene Freude, die er seit der Kindheit sucht. Die Damen des Hofes haben sie kein bißchen befriedigt: unbeholfen und furchtsam, aus Angst, den Thronerben zu verletzen, tragen sie Filzschuhe. Und aus Angst, daß er ihren Fuß auf knechtische Weise küßt, heben sie ihn, unter allen Respektsbezeugungen, bis zu seinem erlauchten, aber bitteren, zu keinem Lächeln zu bewegenden Mund … Dieser königliche Liebhaber braucht eine hochmütige, dominante Mätresse mit harten und erbarmungslosen Absätzen, wie ich sie sein könnte – ich, die ich verstehe! …

»Patin, du verlangst von mir das schrecklichste Opfer! Dieser Mann ist das Gegenteil von dem, den mein Herz begehrt.«

»Ich weiß es wohl, meine Kleine. Aber das ist Absicht. *Jedes Opfer trägt seine Belohnung in sich*: Du wirst, deine Rolle spielend, tiefere Erregung empfinden als die sattsam bekannten bisherigen. Mein blasiertes Aschenputtel, glaub mir: der stechendste Schmerz auf Erden (für dich das lebhafteste Glück) ist, der Reihe nach seinem Instinkt zuwiderzuhandeln, ihn zu vergewaltigen und ihn zu kasteien …«

Überredet von meiner guten Patin, nahm ich ihre Geschenke an: drei Grauschimmelpaare, eine Karosse, einen Kutscher, sechs Lakaien; Kleider aus *Samt* und Gold, und niedliche Pantoffeln aus *Pelz* (er liebt Felle abgöttisch), die sie mir besonders ans Herz legte …

Sie empfahl mir, mich stolz und unnahbar zu geben, so geheimnisvoll wie ein Ideal, und zuverlässig Schlag Mitternacht zu enteilen – dabei am zweiten Abend (aber im vollen Licht und vor den Augen des Prinzen, der mich verfolgen würde) mein linkes Pantöffelchen zu verlieren.

(Meine Füße sind klein und kompakt, und wie verkümmert – da ich die Gewohnheit habe, sie in einen Schraubstock aus steifem und stramm gewickeltem Tuch nach der chinesischen Mode zu spannen. Diese köstliche und äußerst zuverlässige Tortur erfüllt mich mit Freude ...)

Ich gehorchte. Ich habe den Prinzen gesehen, gestern, und er hat mich sehr belästigt. Ach! ich errate nur allzugut seine Gedanken! und mir sind wesentliche Details aufgefallen ... *Er errötet über Stiefel. Er errötet*, hat er mir naiverweise erzählt, *wenn er an einer Schuhauslage vorbeigeht, welche ihm als die schlimmste Unschicklichkeit erscheint*; aber stellt sich Fleisch zur Schau, berührt es seine tolerante und schamhafte Seele kein bißchen: es erstaunt ihn, daß man an so törichten, ja ein wenig abstoßenden Spielen Gefallen finden könne.

Ich teile seine Meinung. Und ich würde ihn vielleicht aufrichtig lieben, wenn er irgendwann mit mir die Rolle tauschen wollte ... Man braucht gar nicht erst davon zu träumen: verdürbe ich seine Illusionen, würde er die Grille ganz schnell nach Hause schicken! – Ihn täuschen bis ins Grab.

Hauptsache Prinzessin werden. Wenn ich, mit der Hilfe meiner Patin, erst Prinzessin geworden bin, werde ich schon Mittel und Wege finden, mich vom letzten meiner Knechte schlagen zu lassen.

Dann werde ich mein Schmuddelkleid wieder anziehen, kostbare Lumpen mit der Farbe und dem Geruch von Asche, in welcher ich jeden Tag, heimlich, meinen närrischen Kopf vergraben werde; nachts werde ich ausgehen; ich werde Passanten begegnen (es fehlt nicht an Armen und Häßlichen – und auch nicht an Unanständigen), und je besser ich meine Rolle beim geliebten Prinzen gespielt haben werde, desto mehr wunderbare Intensität werde ich aus dem Kontrast und diesen demütigenden Kontakten ziehen.

Margarete, inzestuöse Schwester

Wenn ich so saß bei einem Gelag, wo mancher sich berühmen mag, und die Gesellen mir den Flor der Mägdlein laut gepriesen vor, mit vollem Glas das Lob verschwemmt, den Ellenbogen aufgestemmt; saß ich in meiner sichern Ruh, hört' all' dem Schwadronieren zu. Und streiche lächelnd meinen Bart, und kriege das volle Glas zur Hand und sage: »Alles nach seiner Art! Aber ist eine im ganzen Land, die meiner trauten Gretel gleicht, die meiner Schwester das Wasser reicht?« Top! Top! Kling! Klang! das ging herum. Die einen schrieen: »Er hat recht, sie ist die Zier vom ganzen Geschlecht!« Da saßen alle die Lober stumm. Und nun! – um's Haar sich auszuraufen und an den Wänden hinauf zu laufen! – Mit Stichelreden, Naserümpfen soll jeder Schurke mich beschimpfen! Soll wie ein böser Schuldner sitzen, bei jedem

Zufallswörtchen schwitzen! Und möcht'
ich sie zusammenschmeißen; könnt ich sie
doch nicht Lügner heißen.

Goethe[27]

Ist eine Frau, die Sinne besitzt, wirklich ein Monster? Ist es meine Schuld? Als dieses Leiden begann, war ich zu jung, viel zu jung, um zu begreifen. Und zweifellos war ich nie unempfindlich gegen das *ewig Männliche*. Ich weiß weder, wann ich diese unwiderstehliche Anziehung zum ersten Mal erlebte, noch wann ich ihr zum ersten Mal unterlag. Mein Gedächtnis war noch nicht ausgebildet ... Vielleicht werde ich *im hohen Alter, eines Abends, bei Kerzenlicht,*[28] den so gesuchten Ursprung meiner unerklärlichen Neigung unversehens wiederfinden ... Und an diesem Abend, wie kalt und vertrocknet ich auch sein möge, werde ich, ich weiß es ganz genau, es nicht lassen können: Margarete wird erneut an Leib und Seele sündigen!

Alles, was ich sagen kann, ist: meine Initiation konnte nur durch Valentin geschehen. Meine Mutter, die gute Gründe hatte, meine frühreife Hitze zu ahnen, ließ mich mit niemandem außer ihm spielen. Auf diese Weise glaubte sie, ruhig schlafen zu können, denn sie hat eine reine Seele.

Meine erste sexuelle Erinnerung ist diese: Sobald ich in

unserem Zimmer (in dem, das ich mit meinem Bruder teilte) allein war, bemächtigte ich mich seiner Zinnsoldaten. Ich bettete sie auf meinem Schoß (der das Schlachtfeld darstellte). Je mehr es waren, desto glücklicher war ich. Ich hörte die Wehklagen der Verwundeten; ich sah mich, wie ich ihnen zu trinken gab, ihre Wunden versorgte und sie, wenn das Wasser ausging, mit meinem eigenen Speichel wusch. Ein »Beförderter« mit einem engen Dolman von schönem Hoffnungsgrün, der größer und kräftiger war als die einfachen Soldaten, war meinem Traum zufolge der Hauptmann Valentin – den ich von allen am meisten liebte ...

(*Tochter eines ehemaligen höheren Offiziers* ... Zum Glück war unser Vater tot! Hätte er lange genug gelebt, hätte ich, kokett und schmeichlerisch wie ich bin, mit Sicherheit seine Gunst erlangt. Mama, sei es aus Empörung, sei es aus Eifersucht, wäre mindestens zehn Jahre früher gestorben.)

Bevor mein Bruder zur Schule ging, löste er meine langen blonden Zöpfe, bürstete im Sonnenschein mein flatterndes Haar, kämmte es mit einem goldenen Kamm (zumindest schien er uns ein solcher). Mit meiner kindlichen Stimme (im übrigen habe ich nie einen Stimmbruch gehabt) sang ich dann für ihn »Die Lore-Ley«. Und wir beide erlebten miteinander große Wollüste.

Wir waren Musterkinder. Man führte uns allen Bengeln des Viertels als Beispiel an, denn wahrhaftig sind derlei geschwisterliche Beschäftigungen *die Freude der Kleinen und die Ruhe der Großen.*

Als Valentin den Soldatenberuf wählte, schienen sich alle meine Wünsche zu erfüllen. Ich dachte nur an den Ruhm. Ich vergaß die Trennung. Oder ich war vielmehr so naiv, daß ich vermeinte, ich würde mit ihm abreisen, an seiner Seite marschieren. Der Marketenderingürtel umschlösse meine Lenden auf angenehme Weise. Ich wäre in die jungen Rekruten mit rosigen Wangen verliebt. Wird der Krieg erklärt (er hat eine so gute Wirkung auf den Mann), werde ich darin einen zusätzlichen Reiz finden ... Ja, Valentin kehrte immer liebenswerter zu mir zurück, die Fäuste blutig, ein Auge blau, weil er sich nach dem Billardspiel tüchtig in der Gosse geprügelt hatte. Ist das Leiden nicht unser Alliierter, ihr Frauen, die wir die großen Trösterinnen sind – *die barmherzigen Schwestern*[29]? ...

Eines Tages sah ich ihn von der Kaserne kommen, *seine neue feldgraue*[30] *Uniform saß ihm wie angegossen, und ich empfand sonderbare Herzbeklemmungen – so süß, daß ich dachte, ich würde daran sterben!*

(*Noch heute kann mir schon das bloße Säbelklirren eines flotten Husaren Lustgefühle bescheren.*)[31]

Die Abwesenheit hatte ich nicht vorausgesehen. – Mein Gott! wie einsam ich bin! ... Und was tun, um ihm treu zu bleiben? Selbst wenn ich nur ausgehe, um zur Beichte zu gehen! ...

Wenn ich einem jungen Mann begegne, der mir körperlich zusagt, und ohne auch nur seinen Namen zu wissen, beobachte ich ihn trotz meinen gesenkten Wimpern und begehre ihn sofort. Ich tue alles, um ihn wiederzusehen. Das währt so einige Zeit, bis zu dem Tag, an dem ich einem anderen begegne. *Dann verliere ich den vorigen völlig aus dem Sinn; und ich fange bei dem zweiten an wie bei dem ersten. Wie mich bessern? Wer teilt meinen Geisteszustand?* Ich bin verliebt in das ganze Geschlecht, in das *schöne Geschlecht*.

Es wäre also sehr niederträchtig, einen Abwesenden zu betrügen, der sich vielleicht in Todesgefahr befindet und dem ich's verdanke, schwanger zu sein!

Allein dieser letzte Grund bestimmte mich, dem Drängen Fausts nachzugeben. Sonst hätte ich widerstanden, ich schwör's! – Jedenfalls hätte ich seinen geheimnisvollen Gesellen bei weitem vorgezogen, diesen Mephisto, der eine absonderliche Art Uniform trägt, die mich ein wenig neugierig macht ... Faust hat es bemerkt: ist Mephisto da, habe ich nur Augen für ihn. – Auch schickt er ihn bei jedem unserer Treffen fort.

Es sind diese verdammte Schwangerschaft und mein keuscher Leumund, die an allem schuld sind! Ohne einen Liebhaber entlarven zu können, wird man sich wohl entschließen müssen, meinen Bruder zu verdächtigen. Dann werde ich hundertmal schlimmer in Verruf geraten. – Faust erscheint mir von so träumerischer Natur, von so poetischem Gemüt – ich verliere nicht die Hoffnung, ihn dazu bringen zu können, mich zu heiraten. Ich bin ein anständiges Mädchen und fürchte die Meinung. *Die öffentliche Meinung nicht zu respektieren, ist immer das Zeichen einer Unverschämtheit, die unvereinbar ist mit der Zurückhaltung und der Mäßigung, die alle Handlungen ausgeglichener und achtbarer Frauen bewahren müssen.*

Leider ist Valentin unvorhergesehen zurückgekehrt. Sein Eifersuchtsduell erregte Skandal. Sein Tod machte mich traurig – obwohl er verdient war. Ich kam nieder. Es war meine Pflicht, das Kind zu ersticken – *das Kind des Inzests*, einziger formaler Einwand. Ich bin nicht zurückgewichen. *Ich bin nie vor der Pflicht zurückgewichen*. (Ich habe Erfahrung, denn ich habe bereits bei meiner kleinen Schwester Sterbehilfe geleistet, deren Wiege früher, zwischen unseren beiden Betten ... das Zimmer versperrte.) Doch diesmal bin ich ungeschickt gewesen und habe das weise Gebot nicht zu beachten gewußt: *Spurlos versenken.*[32]

Es war schrecklich. Ich dachte ernstlich daran, diesen berühmten Mann zum Anwalt zu nehmen, der versprach:

REHABILITATION UNTER AUSSCHLUSS DER ÖFFENTLICHKEIT[33]

Mephistopheles redete es mir aus, indem er mir bewies (ich weiß nicht genau, wie, doch damals kam es mir sehr einleuchtend vor), daß man die verlorene Ehre nicht hinter verschlossenen Türen wiederfindet.

Faust besuchte mich im Gefängnis und wollte mir zur Flucht verhelfen. Mein Geist war verwirrt: Ich hielt ihn zuerst für Valentin und wäre ihm willig gefolgt. Aber unvermittelt erkannte ich ihn wieder: den Mörder meines Bruders! – meiner einzigen Liebe –, und ich lehnte es ab, mich zu rühren.

Ich bedaure es jetzt, da man das Schafott errichtet.

Wie können Männer es wagen, mich zu verurteilen, vor allem, wenn sie Schwestern haben? Wißt ihr denn, o Richter, *wißt ihr, was euch erwartet?* – Falls dies nicht schon Tatsache ist ...[34]

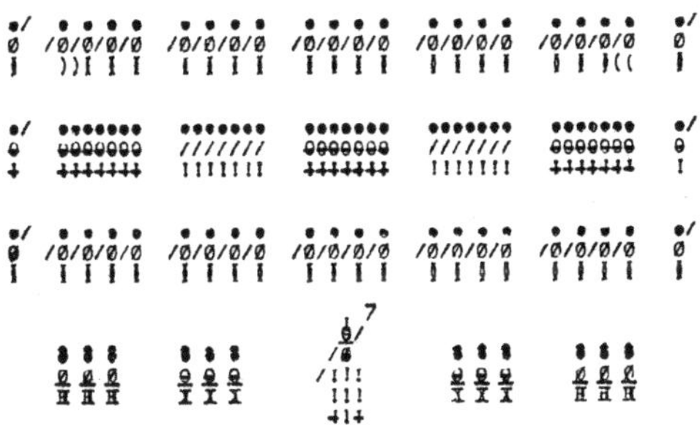

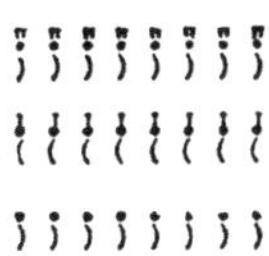

Salome die Skeptikerin

Als er an diesem Abend in sein Dorf heimkehrte und man ihn wie die anderen Abende fragte: Nun! erzähle: Was hast du heute gesehen? Erwiderte er: Nichts habe ich gesehen.

Oscar Wilde
(André Gide, *In Memoriam*)[35]

Zuviel Hirn, nicht genug Herz – dieses Wort sei noch im körperlichsten Sinne verstanden, wenn die Götter euch nicht die göttliche Gabe der Empfindung verliehen haben.

Marcel Coulon[36]

Für O. W.

Wie seltsam sind die Leute, die *glauben, daß es gekommen ist!*[37] Wie können sie? Eine einzige Sache im Leben: der Traum, erscheint mir schön genug, bewegend genug, um es wert zu sein, daß man sich bis zum Lachen, bis zum Weinen gehenläßt.

Ich habe geglaubt, das Ende meiner alltäglichen Gleichgültigkeit gefunden zu haben (*den Ort und die Formel*[38]), eine Verlängerung meiner Nächte: die Kunst. (Ach! wie jung ich damals war!) Jungfräulich, in der Tat, bis in die Seele, *hatte ich mich noch nicht mit künstlerischen Fragen beschäftigt* – das soll meine Entschuldigung sein.

Ich begriff schnell den schrecklichen Hinterhalt: Maler, Schriftsteller, Bildhauer, selbst Musiker kopierten das Leben – *la vie*. Anstatt sie zu betrügen, diese ewige Gattin! sind sie diejenigen, die ihr am treuesten sind. Könnte ich doch nur ihre Bilderchen bewundern, ich, die ich schon das Modell kein bißchen mag.

Jedoch gefielen mir manchmal die »mißlungenen« Porträts, diejenigen, bei denen es nicht geglückt war, sie ähnlich zu machen. Ich kaufte die außer acht Gelassenen. Wenigstens gab es diese Liebhaber des Wirklichen, *faute de mieux*: *Vergebt ihnen, denn sie wissen nicht, was sie tun!*[39]

Andere jedoch, sogenannte Liebhaber des Ideals, versicherten, daß sie die Züge der *Heroin* absichtlich verzerrten (und tatsächlich! sie rühmten sich dessen!). – Schminkt, bemalt sie, setzt ihr eine falsche Nase auf – kratzt: die Grimasse kommt wieder zum Vorschein; die Frau ist immer darunter! – Andere Männer gaben vor, schlechterdings zu erschaffen oder zumindest das andere Leben zu reproduzieren, das spontane, dasjenige, welches gaukelnd hinter den geschlossenen Lidern auftaucht … Und stolz auf ihre Revolte, begnügen sie sich damit, das, was sie in der Natur – oder bei ihren Kollegen: den Abklatschern – verstreut finden, zusammenzustellen, und zwar völlig unterschiedslos. Möge – ach! – ein Gott geruhen, sie von derlei Werken abzuhalten!

Sie halten sich für Zerstörer, Baumeister, Verkannte, *Verdammte*, Vatermörder, Brandstifter – und wie sie sich selbst einschüchtern! wie sie vor dem, was sie beschwören: dem Ruhm, artige und unterwürfige und geprügelte Kinder sind! – wie sehr es ihnen an Kühnheit gebricht! … Sie glauben an die Unsterblichkeit des Genies (der Scherz der Scherze!). Auch sind die einen von ihnen der Meinung, *daß es gekommen ist*, und die anderen, *daß es kommen wird*.

Es ist vielleicht der Mühe nicht wert, es zu erwähnen, es ist offensichtlich: ich mag sie nicht sonderlich. Weil ich sie zu sehr habe mögen wollen.

Meine Enttäuschung begann im Theater, eines Tages, als man *in einer Silberschüssel*[40] einen Kopf aus Pappmaché brachte, triefend rot – an ein frisches Stück Schwein auf der Fleischbank erinnernd. – Das ist schändlich! Meine Religion verbietet mir, das anzusehen.

Gleichwohl werde ich, bevor ich der Welt entsage, vor Herodes tanzen, denn er interessiert sich für meinen Schlaf und hat mich ihm meine Träume deuten lassen …

(Sie sagen, daß ich, bald auf den Händen, bald auf den Zehen, kreise wie eine Akrobatin – denn sie verstehen nicht zu sehen: Ich bin eine Sirene oder Schlange und halte mich auf meinem Schwanz aufrecht; ich bin ein Vogel, ein Engel, und tanze leicht auf der verhärteten Spitze meiner Flügel.)

… Im übrigen hat er mir versprochen, daß er mich fürstlich bezahlen werde. Ich will einen letzten Versuch machen und in Erfahrung bringen, wie er über Pappmaché denkt (denn wenn er Geschmack hat, wird ihn die Frage des Geldes nicht aufhalten).

Wenn ich, erotische Schlafwandlerin, zu seinem Vergnügen siebenmal die Haut gewechselt haben werde, werde ich aufwachen, werde befehlen, daß man mir *in einer Silberschüssel* den Kopf des Propheten Whatshisname bringe (ich habe seinen Namen vergessen; unwichtig! mein Stiefvater wird schon verstehen). Als erstes wird es lustig sein, sein verärgertes Gesicht zu sehen. Er mag es nicht, daß man von diesem Gefangenen spricht, auf den er neidisch ist, denn er weissagt selber gerne. Er hat sich gerühmt, Stimmen zu hören – schreckliche Stimmen. Aber Salome macht ihm auch Angst, und es ist meine Mutter, die er ...

Warum habe ich das verlangt? Er ist noch abgehackter, noch häßlicher und noch schlechter gemacht als im Theater. *Es scheint*, daß ich ihn berühren, ihn in meine Hände nehmen, ihn küssen sollte ... Das ist mir ganz egal! Könnte ein so lächerliches Ding Schrecken einflößen? Mein Abscheu ist gänzlich ästhetisch. – Ihn berühren? Ja, das wollen sie immer: daß man bewundere, wie gut es nachgemacht ist! – Aber ihn küssen? Warum? ... Ach! ... Richtig. Sie bilden sich ein, daß ich in ihn verliebt bin. *Mein Gott! wenn es sie amüsiert*. Ich hätte ihnen gar nicht soviel Phantasie zugetraut. – Ihn küssen? Sonst noch Wünsche? ... (Der Tetrarch bekommt seine Nervenkrise. Was nützt es ihm, Stimmen zu hören? Auch er *glaubt, daß es gekommen ist!*)

Da! nun bekleckert er mich mit klebrigem Blut, weniger rot und wärmer als üblich ... Blut, das dem meinen gleicht ...

(*Das ist kein gutes Theater.*)

Was beweist das? Einfach, daß ich recht hatte:

Die Kunst, das Leben: gleichviel. Das ist was für den, der am weitesten vom Traum entfernt ist – und sogar vom Albtraum.

Es mag wohl Dummköpfe geben, auf die das großen Eindruck macht. Mich läßt das kalt.

Wenn ich mit anderen Schwingungen schwinge als den euren, muß man daraus schließen, daß mein Fleisch unempfindlich ist?

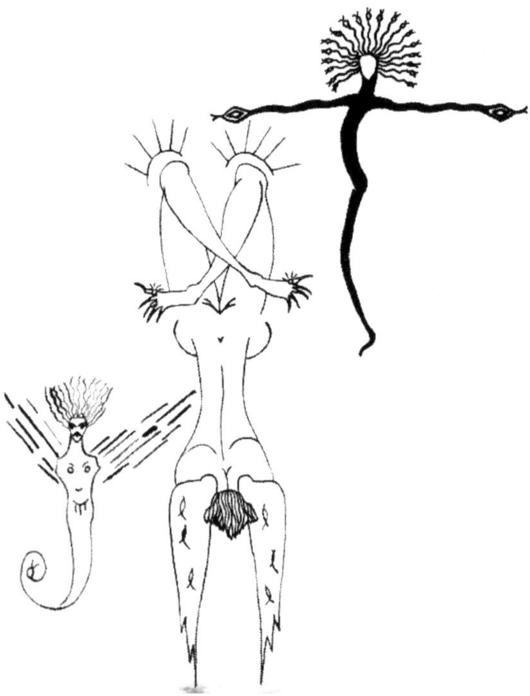

Die Schöne
oder der Geschmack des Biests

Obwohl dieser Prinz all ihre Aufmerksamkeit verdiente, konnte sie nicht umhin, ihn zu fragen, wo das Biest sei.

Mme Leprince de Beaumont[41]

Für den Minotaurus

»Du hast mich angelogen, Biest: du bist kein Monster. Ich habe mir schon soviel Mühe gegeben, mich an deine Häßlichkeit zu gewöhnen, daß ich dabei alle meine Kraft zu lieben verbraucht habe. Ich bin zu müde. Nein, ich werde den Weg nicht noch einmal gehen, auch nicht in der Gegenrichtung – und wäre es der Heimweg. Ich werde mein Leben nicht verleugnen. Ich bin immer aufrichtig zu dir gewesen, während du mich *über deine Ware betrogen* hast. Kurz, ich löse unsere Verlobung auf. Die

Feen sind meine Zeugen, nicht dir habe ich mein Versprechen gegeben.

Führe diese vollkommenen Hüften fern meiner Blicke spazieren – sie erfüllen mich mit Abscheu. Geh zu anderen Herzen, um dich endlich um deiner selbst willen lieben zu lassen. Wenn man das Biest geschmeckt hat – ach! wie herzlich fade ist der Mann! Ich habe mich deinen dahingegangenen Ringfalten geweiht, dem Leim des Reptils.

Aber bevor du aufbrichst – gib mir, ich bitte dich, die Adresse eines anderen Monsters, eines echten Monsters.«

Die wesentliche Gattin oder die Unbekannte Prinzessin

Welche ich nähm', stets ging's
nach ihrem, nicht nach meinem Kopfe.
Jean de La Fontaine[42]

Für R. M.

Es war einmal ein Mann, der so viele Leben hatte, wie eine gute russische Peitsche Riemen hat. Er brauchte einen Namen für jedes seiner Leben. Er hamsterte sie, so daß es nicht genug für die anderen gab ...

Es ablehnend, sich zu Homonymen zu entschließen – *das ist so gewöhnlich!* –, mußte die Zeitgenössische Königin darauf verzichten, ihre Tochter taufen zu lassen. Man erkannte an dieser Unbekümmertheit, daß der jungen Prinzessin grenzenloser Ruhm bestimmt war. Denn es sind die Worte, die den Sinn der menschlichen Schicksale festsetzen.

– Ob Alceste oder Philinte der Misanthrop ist, schert uns wenig![43] Wir brauchen ein Beispiel, ein Etikett, um so viele Objekte einzuordnen, wie man haben mag, all die, die nicht zu widerspenstig sind. Je ungreifbarer, wandelbarer (namenloser) ein Spitzenkoch ist, desto mehr Hammel geben wir ihm. Ich weiß nur, daß allein das Bemühen um die Präzisierung ihrer unnützen oder sogar unerklärlichen Besonderheiten verhindert, diesen Beruf auszuüben. – Unterdrückt ihren Skrupel, ihren Namen, und ihr macht sie berühmt: Sie werden dadurch nur repräsentativer.

Der Namenhamsterer wird von niemandem mehr genannt. Gegen solche Ambition lehnt sich das Gedächtnis auf! – Wohingegen unsere bescheidene Prinzessin weitbekannt ist, und wie es sich gehört unter dem Namen ihres Gatten, nachdem sie den intelligenten Riquet mit dem Schopf geheiratet hatte.[44]

Sie waren sehr glücklich, glücklich ohne Egoismus, denn *sie bekamen viele Kinder*,[45] die des Vaters Häßlichkeit anmutsvoll mit der unverbesserlichen Dummheit der Mutter vereinten.

Man könnte glauben, daß sie, wie so viele andere Paare, anfangs den einen oder anderen kleinen Zank miteinander hatten. Dazu konnten die Feen nichts tun: Sie begünstigen nur die Liebe. Jene hatten einander aus Zweckgründen erwählt: in der Hoffnung, die Gabe der Feen abzuweisen – was zu erlauben diese zu mächtig sind.

Offensichtlich einander ergänzend, hatten sich ungestalt und geistvoll, schön und dumm kühn zusammengetan. Aber die Gewohnheit bringt alle Dinge in Ordnung:

Wer hat nicht schon unter alten Ehepaaren eine künstliche Ähnlichkeit gefunden, die manchmal so markant ist, daß man sie für Bruder und Schwester halten könnte, so sehr hat jeder der Gatten sich für den anderen aufgeopfert! So war es bei ihnen. Und aus bereitwilliger Gefälligkeit unterließ Riquet witzige Bemerkungen, die seiner Dame die Laune verderben könnten; sie gab alle Koketterie auf und trug oft sogar ein ungepflegtes Äußeres zur Schau, so sehr befürchtete sie, die Eifersucht ihres Herrn und Meisters zu erregen.

Eines Tages, da sie zum Abendessen geladen hatten, und bevor die Gesellschaft eintraf, fand die Schöne die klassische Geste wieder (ewig von Delila erneuert) und schnitt, eine geniale Naive, Riquet den *Schopf* ab. – Er sah danach viel weniger drollig aus. Das war der erste Schritt zur gegenseitigen Annäherung. Der Gemahl, immer besser geleitet, verlor bald das bißchen Geist, das ihm verblieben war.

Ihre Schönheit bewahrte sie länger. Privileg der Schwachen: ein wahres Weibchen ist immer die Stärkere.

Wenn sie allzu aufmerksam ihren Haß und ihr Schicksal betrachtet hatte, lief sie eilig vor ihren Spiegel, der, manchmal von einer Grimasse verunstaltet, sie nur halb beruhigte. Fortan vermied sie es, den Prinzen anzuschauen ...

Nachdem er als erster gestorben war, bewahrte sie noch *de beaux restes*[46], die sogar sprichwörtlich geworden sind.

Ein Jahrhundert wurde damit fertig.

Und das gesamte Frauenvolk, das sich in dieser verstorbenen Schwester wiedererkannte, weihte den flachen, symbolisch leeren Stein eines Grabes und feierliche Feste dem Gedenken an die Unbekannte Heroin.

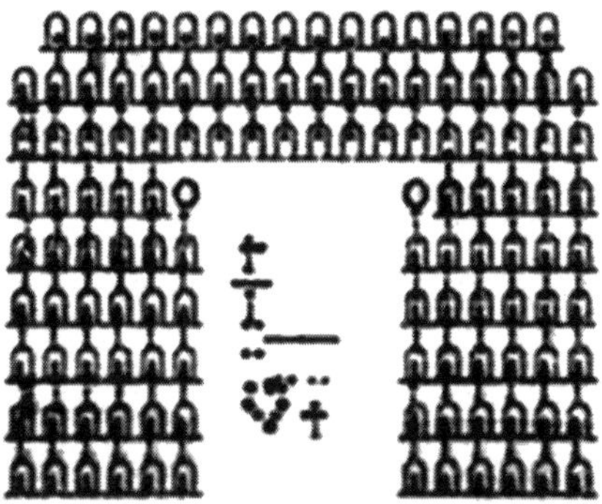

Sophie die Symbolistin

Sie hob ganz sacht eine kleine Ecke des Taschentuchs an, drückte die Biene durch das Taschentuch hindurch ein wenig mit den Fingern, damit sie nicht wegflöge, und holte ihr kleines Messer aus der Tasche.

»Ich werde ihr den Kopf abschneiden«, sagte sie sich, »um sie für all die Stiche zu bestrafen, die sie versetzt hat.«

In der Tat legte Sophie die Biene auf den Boden, indem sie sie stets mit dem Taschentuch hielt, und schnitt ihr mit einem Messerhieb den Kopf ab; da sie fand, das sei äußerst amüsant, fuhr sie dann fort, sie in Stücke zu schneiden.

…

Schließlich fand er ein sehr geschicktes Mittel: er kippelte auf seinem Stuhl, und er neigte sich derart nach hinten, daß er hinfiel. Sophie lief hinzu, um ihm aufzuhelfen.

»Hast du dir wehgetan, armer Paul?« sagte sie zu ihm.

PAUL

Nein, im Gegenteil.

Madame la Comtesse de Ségur,
geborene Rostoptschina[47]

Die Idee gebiert das Sein – und die Liebe geht den Organen voraus, die sie später offenbaren werden. So wird das Tier bis zu der Stunde, da es Flügel haben wird, dem Fliegen Gleichwertiges finden müssen.

Ihre erste Puppe war für Sophie die erste Lust und der erste Liebeskummer, der Entjungferer und die älteste Tochter.

Als sie aus der Kiste hervorkam, sobald sie ans Tageslicht gebracht wurde, war sie lebendig – ja, zerbrechlich, leicht und köstlich kaputtzumachen.

Einen Gegenstand sterben lassen, ihn zerstören, heißt beweisen, daß er wirklich gelebt hat. Sophie brauchte das gar nicht.

... Beim Ankleiden fand sie sie blaß ...

SOPHIE

»Ich werde meine Puppe wärmen, Mama, ihr ist sehr kalt.«

DIE MAMA

»Sei vorsichtig, du wirst sie noch zum Schmelzen bringen.«

»Oh! nein, Mama, es besteht keine Gefahr ...«[48] (Tut die Sonne mir etwa weh? Um so weniger ihr, die doch viel *härter* ist!)

Daraufhin fand Sophie ihre Mutter recht lächerlich.

Als dreijähriges, ungehorsames Kind war sie nur darin frühreif: sie vertraute auf ihren Verstand früher als üblich.

Sie besaß einen wissenschaftlichen Geist. – Die aufmerksamste Taube mag ihren Kleinen wohl das Korn in den Schnabel geben, die Erfahrung nicht. Dies war für Sophie die Gelegenheit, einer chirurgischen Operation beizuwohnen, die äußerst aufregend – und ihr eine Lehre sein wird, zweifeln wir nicht daran.

Fischchen, die einem durch die Hände schlüpfen, zu sezieren, das ist aufregender, gewiß: das ist rot und bewegt sich – ist aber nicht gefährlicher, da es nicht schreit.

Leiden sie vielleicht? ... Ein Kind hat vom Schmerz nur ein vages Bewußtsein. Sein Geist, dem Neuen zugewandt, voller Zuversicht oder Angst, immer voller Aufmerksamkeit, zieht sich selten auf sich selbst zurück, um sich peinvoller Empfindungen zu erinnern – die im übrigen noch nicht sehr zahlreich sind. Das wären allzu schwere Ketten.

Selbst wenn sie es wollte, könnte Sophie nicht grausam sein. Zweifellos glaubt sie, daß Fische leiden, ebenso fleischlich wie ihre Puppe, die tot ist, und die ebenfalls gelitten hat. Sie weiß das Wort; sie weiß nicht den Sinn. Das intrigiert sie um so mehr, und sie wird den Versuch vergebens wiederholen, ohne selbst und an denen zu ermüden, die ihr unter die Krallen kommen – Patienten ihrer erwachenden Leidenschaften.

Sie liebt und wird nur das zum Bluten bringen, was sie liebt: das schwarze Huhn, das Eichhörnchen, den Esel und ihren Cousin Paul.

Es ist an ihrem Werk ein erstaunlicher Fortschritt zu bemerken:

Zuerst sucht sie einen schönen Gegenstand, der ihr teuer ist und den sie in Ruhe quälen kann (die Wachspuppe); bald findet sie Gefallen am Risiko; am besseren Besitz: dem eines anderen, wenn es sich nur ein wenig bewegt und verteidigt (die roten Fischchen); jetzt will sie, daß es Kampf gebe, daß sie ihrerseits verwundet werden könne (das Pony und die Biene); dann das Blut, diesmal das Blut des wunderbaren, langgewünschten Tiers, wahrhaft groß, wahrhaft schrecklich, das ausschlägt, das brüllt und sich unter ihren mit Stacheln – *Sporen!* – bewehrten Fersen krümmt, die bebenden Flanken zwischen ihren schwach werdenden Schenkeln spüren (das wird der Esel sein); schließlich einmal mehr das Blut, das Menschenblut – und daß jemand bewußt, willentlich leide, *aus Liebe zu ihr!* (ihr Cousin Paul, ihr unschuldiger Komplize).

Als Sophie mit zwanzig Jahren Paul wiederbegegnet – der nicht mehr der kleine Knabe ist, der sie bezauberte, indem er ihr bald schmeichelte, sie bald tadelte und sich in den Dienst ihrer *Ideen* stellte, sondern ein Mann, der ihren so süßen *Mißgeschikken* nichts entnommen hat als einen banalen Heiratswunsch – begreift man ihre Gleichgültigkeit!

PAUL

»Interessieren Sie sich nicht mehr für mich?«

SOPHIE

»Vor dem fünften Lebensjahr hatten wir alle Liebesspiele erschöpft: Wenn man beim Symbol begonnen hat, findet man wenig Geschmack an der Sache.«

Salmakis die Suffragette

Yet from them something like as fire is shed
That shall not be assuaged till death be dead,
Though neither life nor sleep can find out this.
Swinburne[49]

Für Claude

»*Verflucht seien die, durch welche Ärgernis kommt! Aber es muß ja Ärgernis kommen …*«[50]

So sprach Zeus, als er von Salmakis' Affäre erfuhr.

Bis dahin waren Männer und Frauen, Faune und Nymphen, Götter und Göttinnen sogar, zum Freudengenuß nie ohne Hintergedanken zusammengekommen – sondern um zukünftige Freude vorzubereiten. Am Rande der abgeernteten Ackerfurche säten sie bereits für die nächste Saison. Wenn das Korn, fehlgelenkt von einem perversen Zephir, sich verirrte, so geschah dies wenigstens unabsichtlich, und beinahe ohne ihr Wissen.

Eine Quelle, so wird behauptet, aber vielmehr ein junger Bach, von seinem Lauf verrückt gemacht bis zu dem Punkt, ihn begradigen zu wollen, müde der Hochwasser und Austrocknungen, ward Salmakis als erste freiwillig steril. Mit ihrem langsamen Vorspiel entwaffnete sie den Sohn des Hermes und der Aphrodite, und zur größeren Sicherheit ließ sie sich die Eierstöcke entfernen.

Nichtsdestoweniger fuhren sie fort, einander zu lieben; aber der Hintergedanke, die allgemeine Sorge um die Fortpflanzung der Art, welche es auch immer sei (würdig oder nichtswürdig – oder eitel, da unvergänglich), verschwand aus ihren Herzen.

Von allen Seiten belagert, schlossen sie sich ab und lebten in der Gegenwart wie inmitten einer Zitadelle.

Unzertrennlich, ließ Amor, der schlechte Augen hat, sie am Ende miteinander verschmelzen. So verwirklichte sich ihr innigster Wunsch: statt dreier waren sie einer.

Und die Doppelblüte ihres Körpers, unfruchtbar wie alle seltenen Blumen, der Parze unbekannt, entkam der Schere, wurde unsterblich ...

Doch Amor, nicht begreifend, daß sein Werk vollendet ist, nimmt das Monster zur Zielscheibe, spickt es mit neuen Wünschen:

Ewig unbefriedigt, überfällt das sonderbare Paar schamlos Frauen wie Männer, hingezogen, abgestoßen, passiv, aktiv, mit Begierde und Ekel, unter scheußlichen Entzweiungen – und eifersüchtig auf sich selbst.

Der verfluchten Liebenden lächerliche Suche nach Befriedigung entehrt den Olymp ...

Anstandshalber beschließt der Familienrat, ihr Verbrechen so zu verschleiern: Ihr infamer Körper werde vernichtet (zur Erinnerung, als Abschreck, bewahre man nur ihre Legende und ihr Bild); ihre abscheulich vermischte Seele werde wieder getrennt, und die Teile, unauslöschliche Flammen, in die Welt geworfen. Unter dieser Bedingung: Der Geist von Salmakis, so gut wie möglich verborgen, müsse jedoch den Körper eines Mannes bewohnen; der von Hermaphroditos dürfe nur in einem Frauenkörper hausen!

Ihre Strafe sei, ohne sich zu empören und offenbaren zu wagen, das widernatürliche Begehren, das ihre Erscheinung hervorrufen werde, zu erleiden ... und daß derjenige (vor ihrem männlichen) oder diejenige (vor ihrem weiblichen Äußeren) weglaufe, nach dem oder der ihr wirkliches – entgegengesetztes – Herz verlangt.

Was wird jedoch passieren, wenn die Verbannten sich in diesem Exil wiedertreffen? – Meistens bilden Giton und Sappho einen recht schlechten Haushalt. Im besten Falle: eine der keuschesten Komplizenschaften. Alles beschränkt sich auf Worte. –

Die Lust am Geschwätz. (Dieser Zug ist ihnen gemeinsam.) Ihre Seelen verstehen sich, gewiß! Sie könnten miteinander fühlen, sich sogar vereinigen – oh! auf platonische Weise (Diotima mit Sokrates, aber Alkibiades steht an der Ecke) –, doch die Körper sind da, unaufhörlich gegensätzlich, ohne Abhilfe gegensätzlich zum jeweiligen Verlangen der Liebenden, der verfluchten, vereinzelten Liebenden, denen es unmöglich ist, sich zu einem einzigen weltlichen Wesen zusammenzufügen.

(Wenn Juno die Gestalt des Stieres angenommen hätte, hätte Europa sich bestimmt nicht täuschen lassen.) – Mag Hermaphroditos Hermaphroditos wiederbegegnen, er wird diesmal wohl den Körper, aber gewiß nicht die Seele finden, die er wünscht. – Schlechte *Brüder*, falsche Brüder! – Lächerliche Kämpfe zwischen Hähnen ohne Kamm und ohne Sporn; Kämpfe auf Leben und Tod indes ... Ihre *Schwestern* sind nicht weiser: Giton und Ganymed können einander nicht leiden. – Kratzen, beißen, sich eins auf den Dutt geben – ohne Dutt: Salmakis meide ja Salmakis!

Es gibt eine, eine einzige Erleichterung für das Schicksal des Hermaphroditos, durch die er die Götter noch foppen kann: Ein Körper und eine Seele, die sich verstehen, mehr braucht es nicht, um Liebe zu machen.

Hermaphroditos kann sich zu Narziß gesellen – und sich in meinem Namen vorstellen.

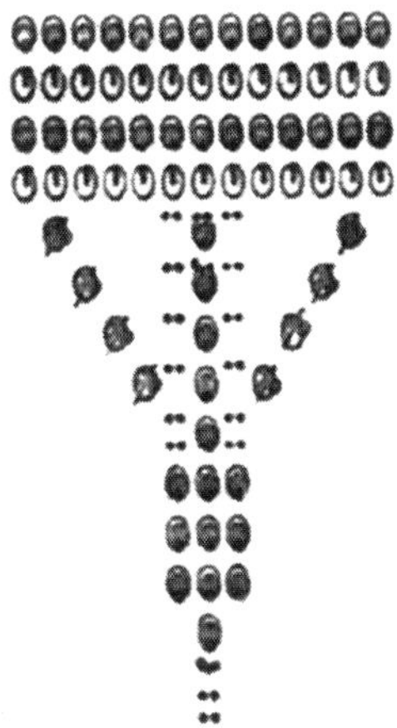

Der, der kein Heros ist

Ich war unfähig, sie wertzuschätzen – und das versteht sich: passioniert, beinahe hysterisch, unwürdig ... und weit davon entfernt, neidisch zu sein, so sehr all die Seelenruhe der Welt hassend!

Die Androgyne[51]

Für C. de R.

Inmitten der Masse der gemarterten Körper, der ausgestreckten, gerungenen Arme und flehenden Hände; inmitten der Masse der Glieder, der Beine, die ein Krampf durchzieht; unter reglosen Köpfen, erloschenen Augen, schweren Lidern; inmitten der Masse der ausgetrockneten Münder, des Gewirrs der Sprachen und Klagen – ist der Mann, aufrecht, hindurchgeschritten, mit reiner Stirn, ruhigem Gang, aufrecht, undurchdringlich, aufmerksam, durch das Röcheln und das Wogen der sich vor ihm ausbreitenden nackten, einander umklammernden Körper.

Er ist nüchtern, und die anderen sind trunken. Und ich? Sein Kommen vertreibt meinen Rausch, während es mich durstiger macht.

Sein Lächeln, seine Ruhe, sein liebenswürdiger Ausdruck, seine Kleidung – Verlassenschaft aus einer anderen Welt – erregen hier, inmitten des Lachens und des Schluchzens, Ärgernis (obwohl wir alle einverstanden waren) – die Dissonanz, die dem Fest bis dahin fehlte.

Unser Gastgeber tritt hervor und empfängt ihn. Der Mann legt schließlich seine Kleider ab. – Gleich uns? In keiner Weise gleich. Er muß seine Scham nicht hinter der Übertreibung der Zeichen verbergen. Eine tierische und freie Grazie treibt seinen Körper – aber die eines so gut von der Seele abgerichteten Tieres, daß es den alleinigen Gehorsam als seinen Instinkt angenommen hat. (Derer, die eine Beute apportieren, ohne ihr das Blut auszusaugen, die von der läufigen Hündin ablassen, sowie der Herr ruft.) – Die Harmonie, die Noblesse und die Einfalt, die für uns, die wir darauf keinen Anspruch erheben können, schrecklich sind.

Für uns? Mir wird bewußt, daß ich die einzige bin, die dieses Unbehagen empfindet. Die anderen sind beruhigt, da er sich zwischen sie gelegt hat, und haben mit ihm ihre leidenschaftlichen Beschäftigungen wiederaufgenommen.

Für mich ist Schluß! Ich betrachte sie: Halten sie sich nicht für verdammte Griechen und Heiden, diese kleinen revoltierenden Christen? Hellene ohne sein Wissen, lächelt der Mann, der nie revoltiert hat (*Ich hasse die Bewegung, die die Linien verschiebt*[52]), über das endlose Lächeln ihrer steinernen Lippen: Um Athen zu erobern, braucht es keine schwarze Messe.

In ihren Augen eine gleichgültige Statue, aber glücklich und jedem gegenüber voller Zuvorkommenheit, läßt sie sich herbei, gibt sich nicht her. Haben sie selbst, ohne es zu ahnen, sich nicht verändert? Unfähig, in der Ausschweifung ein solches Naturell zu imitieren – ihre eben noch überspannten Bewegungen lassen sich wieder gehen, werden hemmungslos –, befürchten sie, übertrieben zu wirken ...

Der Mann schaut zu und amüsiert sich ... (Was für ein Einfall, die Mäßigung in eine Orgie einzuführen!) Und ich, weniger nachsichtig als er, ertappe mich dabei, sie zu hassen!

Wie! war ich etwa nicht auch einer von ihnen? Nein, aber ich habe sie alle genommen: An diesem Biß erkenne ich die Spur meiner Zähne; diese blauen Flecken stammen von meinen Fäusten; wer hat nicht unter meinen gebieterischen Fingern um Gnade gefleht?

Dennoch bin ich Jungfrau geblieben, durch ein Wunder – oder vielmehr wegen der Verachtung, die wir alle für diesen banalen Akt empfinden – und weil ich damals das subjektive Verlangen nicht im geringsten kannte.

Kenne ich es also jetzt? Nein; denn meine erste Regung ist, mich über den Mann zu beugen, über diesen göttergleichen Mann, mich über ihn zu beugen, um zu sehen, ob es noch möglich ist, seinen Stolz zu vergrößern. – Eine weitere Sklavin, und keine schöne! – wie könnte sie? ... Unwichtig, sie wird ihr Bestes tun.

Demütigung! das ist alles, was ich erreiche. Mit einer Stimme, die sich nicht verändert hat, nicht schwächer geworden ist, die nicht gezögert, die nicht einmal gelogen hat – oh! ohne auch nur daran zu denken, seine Lust zu verhehlen (eine allzu kleine Lust, um soviel Scham wert zu sein) –, dankt er mir, indem er mir auf die Schnelle einen Höflichkeitsschauer gewährt ...

Irgendeine andere bemächtigt sich bereits des Kadavers. Das ist die Spielregel. Es muß sein: lassen wir's geschehen.

Aber (ein kurzer und ritterlicher Kampf) er befreit sich aus der Umarmung; brutal – Körper gegen Körper – wirft er sich auf mich ... Wozu also seine Gefühle? Nein, ich habe nicht geschrien, nicht gezuckt. Doch heisere, angstvolle Worte haben meine Seele unheilbar vergewaltigt: »Mein Kleiner, habe ich dir wehgetan?«

Das ist plötzlich die vollkommene Isolation in der Promiskuität – wo uns beiden doch so viele Wesen lieb sind –, bei uns, die wir einander kaum kennen. Eine einzige Sache ist dem Mann gegenwärtig wichtig: Ich habe gelitten; er will dafür verantwortlich sein.

Wäre das Mitleid also die intensivste Gemütsregung für diese Art Gott? Nein, nicht das Mitleid. Sondern für den Starken die volle Aufbietung seiner Kraft beim Vernichten, dann beim Beschützen des Schwachen.

* * *

Epilog

»So unerwartet, und obgleich infam, ist es die Unversehrtheit Ihrer *törichten Jungfrau*[53], die ihn berührt hat.«

»Oh! was für ein Unsinn! Glauben Sie das ja nicht: Das war etwas Armseliges, Wertloses für diesen Mann, das versichere ich Ihnen; er hat es nicht mal bemerkt. Gerne würde ich behaupten, daß meine Törichte keine Jungfrau mehr war; das wäre einfacher – und plausibler! Aber wieso hätte der Mann, der nicht ungeschickt ist, sie ohne Not verletzen sollen? Verstehen Sie doch: auch der Schmerz, der Schmerz an sich, ist ihm herzlich gleichgültig. Was ihn berührt hat – das einzige –, ist, daß er der Verursacher war. Sich selbst entgegen und nicht für diese Frau ist er plötzlich entbrannt ... In seine eigene Vollkommenheit verliebt zu sein, das ist seine einzige Schwäche, der einzige Schwachpunkt seines Herzens.«

»Sie stellen die Fakten, wie gewöhnlich, im ungefälligsten Licht dar. Aber Sie können nichts dawider, daß der, den Sie den Mann nennen, höchst liebenswürdig ist, und die Geschichte, dem Orgiendekor zum Trotz, nach so vielen Monstrositäten tröstlich.«

»Zweifellos. Denn sie ist weder wahr noch auch nur möglich. Sie ist nichts als die Imagination einer hysterischen Frau.«

»Unmöglich? Und warum?«

»Zuallererst weil dieses Monster aller Monster, verlogen, wie alle *Heroinnen* sind, niemals für jungfräulich durchgehen würde.«

»Pah! Wir sind es alle einmal gewesen.«

»Das gebe ich zu. *Sie* würde das nicht zugeben. Sie liebkoste sich bereits; sie hatte sich bereits erkannt, entjungfert, im Schoße ihrer Mutter.«

Anhang

Die Androgyne, Heroin unter den Heroinnen

Ich weiß, wohin ich gehe,
Ich will dich hinführen,
Meine böse Absicht
Ist nicht, dir zu schaden.
Paul Valéry[54]

Für Mlle P. du …

Porträt der Androgynen

– Überflüssige Brüste; grobe und widerstrebende Zähne; Augen und Haare vom banalsten Farbton; ziemlich feine Hände, die aber ein Dämon – der Dämon der Vererbung – verkrümmt, verformt hat ... Der ovale Kopf einer Sklavin, die Stirn zu hoch ... oder zu niedrig; eine Nase, die in ihrer Art wohlgelungen ist – einer Art, leider! die üble Bildassoziationen eingibt; ein zu sinnlicher Mund: das kann angenehm sein, solange man Hunger hat, aber nachdem man gegessen hat, widert es einen an; ein gerade noch ausreichend hervorstehendes Kinn; und am ganzen Körper nur angedeutete Muskeln ...

Siegreich! ... zuweilen siegreich über die entsetzlichsten Hemmungen, korrigiert eine verspätete Gewandtheit einen Schatten, eine unbesonnene Gebärde – und die Schönheit findet sich wieder ein!

Denn vor seinem Spiegel ist Narziß von der Gnade berührt. Er ist willens, sich wiederzuerkennen. Und die Illusion, die er für sich selbst erschafft, überträgt sich auf einige andere.

Hors-texte

Die Androgyne hat das Wort:

»Auf der Suche nach dem Mann. Da befinde ich mich nun. Aber es war nicht immer so: Schwor ich als Kind ihr nicht ewige Liebe? Wie verständig sie damals schon war! Ich kann mich sehr gut daran erinnern (das einstige Leid hat mein Gedächtnis geformt: ein blutendes Gedächtnis), sehr gut, oh frühreife Weisheit! – denn du erwidertest: ›Dein Fehler … nicht meiner! Ich verspreche dir nichts dergleichen … Wie lange? Ich weiß es nicht. Ich weiß ja nicht, ob ich dich liebe … Ja, ich werde heiraten … Wann? Bald, zweifle nicht daran …‹ – Eine bewundernswerte Offenheit! und vergeblich … Ich war unfähig, sie wertzuschätzen – und das versteht sich: passioniert, beinahe hysterisch, unwürdig … und weit davon entfernt, neidisch zu sein, so sehr all die Seelenruhe der Welt hassend! …

Durch Beharrlichkeit erreichte ich, daß sie mir ein Jahr versprach – welches sie jedoch nur widerstrebend gewährte. Sie setzte mich an diesem Tag vor die Tür, schloß sich – allein – in ihrem Zimmer ein, um eine derart schwerwiegende Entscheidung zu überdenken. Sie kam heraus. Ich kehrte zurück: ›Nun?‹ sagte ich (denn ich dachte immerzu daran. Sie übrigens auch). Aber sie erwiderte: ›Nun, was? … Ich gehe in den Garten: Mama verlangt ihre Blumen. Bleibst du hier?‹ Man wird mich nicht so einfach los. Ich bin hartnäckig: ›Für immer, sag', für immer?‹ – Ich feilsche; und da ich sehe, daß sie gleich wütend werden wird, setze ich meine Ansprüche herab: ›Ein Jahr, sag', ein Jahr? Versprich mir ein Jahr, das ist nicht viel …‹ Daraufhin, ohne länger ausweichen zu können, sieht sie mich an, hart, nachdenklich, ernst: ›Ein Jahr, einverstanden‹ – und das wie ein Almosen für einen Armen, von dem man weiß, daß er simuliert, damit ich sie endlich in Ruhe lasse.

Dennoch war dieses Versprechen keine Schwindelei; sondern sie hatte es bedacht, sie hatte vor, es zu halten. Sie hielt es voll und ganz. Vor allem, und ihrer Selbstachtung zuliebe, ist sie absolut loyal.

Das war der schlechte Anfang unserer Liebe. – Und siehe da, nun sind es beinahe fünfzehn Jahre …«

Psychologische Porträts

Die Androgyne:

– Wildheit, Wollust, ein monströser Egoismus … (Es gibt viele widersprüchliche Umstände und Details; man könnte abmildern … aber wozu? Wählen wir nur das Wesentliche.) – Leichter, unaufhörlicher und treuer Enthusiasmus – aber Herzenshärte. Körperliche und manchmal moralische (aber körperlich verursachte) Feigheit. – Keine Vorurteile: keinen Gesellschaftssinn.

*

Der Meister der Androgynen:

– Mißtrauen wider die Männer (und sich selbst); der Androgynen gegenüber … relatives Vertrauen. Übermäßige geistige Zurückhaltung. Eine sonderbare Trägheit – die eher der

Abscheu vor Initiativen, vor aller Veränderung, vielleicht vor Übergängen ist. – Strikte Redlichkeit, ein seltener Gerechtigkeitssinn, Respekt vor der Freiheit jedes Einzelnen. Einige eingewurzelte, sozusagen: körperliche Vorurteile, die durchaus Vorurteile sind, aber probeweise überwunden werden können. – Sanftmut, Güte ohne Illusionen. – Eine gewisse moralische Feigheit (verursacht durch die übermäßige Zurückhaltung und die Trägheit).

*

Der Dichter, Liebhaber der Androgynen:

– *Bovarysmus*. Unvermögen. Keinerlei Anspannung des Geistes. Wenig Logik: subjektive Urteile. Enthusiasmus und Großzügigkeit (nicht Güte). – Einige Vorurteile, aber oberflächliche: aus gesellschaftlicher Eitelkeit. Anfälle von Furchtsamkeit, dann von moralischer Schwäche (nervöse Depression).

Erklärungen

»Hör' zu, Androgyne! Wenn er es ist, den du liebst, verlaß mich. Ich wünsche es mir nicht, aber ich werde mich darüber hinwegtrösten ... Nicht, daß du dich für unentbehrlich hältst.«

»(Was darauf antworten?) ... Ihn liebe ich nicht genug, um dich zu verlassen ...«

»Da es am Ende also ich bin, den du, Androgyne, liebst, mußt du ehrlich sein und aufhören zu lügen.«

»(Was darauf antworten?) ... Ich wünsche nicht zu lügen. Er ist es, du bist es, der mich dazu zwingt. Er ist gewiß es nicht, aber ich fürchte, daß auch du es nicht bist, den ich liebe ... genug, um ›ehrlich‹ zu sein. (Gibt es das? ... Nein, nein! aber vielmehr: ist es wirklich nötig, ›ehrlich‹ zu sein?)«

* * *

»Bleiben Sie bei Ihrem Meister, Androgyne, aber schlafen Sie mit mir. Er wird sich besser um Sie kümmern, als ich es könnte ... (übersetzt: ich würde mir nicht die Mühe machen) – und ich, ich werde da sein für die Kunst, den Traum, die Liebe ... Du mußt mir nur versprechen, nur mich zu lieben, nur allein mit mir zu schlafen ...«

(In der Tat: wenn ich mit meinem Meister Liebe mache, merkt es der Dichter, und der Dichter wird wütend!)

»(Darauf kann ich endlich antworten!) ... Aber warum, warum? ... Denn ich spüre, daß ich die Kraft habe, mit euch beiden zu schlafen!«

Briefe der Androgynen an den Dichter
(Fragmente)

Präliminarien

Wie kurz waren diese Stunden! ... Wie konnte ich nur den traurigen Mut haben zu gehen, nachdem Sie mir erlaubt hatten zu bleiben? Das erscheint mir jetzt übermenschlich – und so idiotisch! Ich durfte ja nicht erwarten, daß man mir hinterherläuft ... oder kaum ...

Ich tröste mich (schlecht) mit dem Gedanken, daß ich die einzige Chance ergriffen habe, vermißt zu werden.

*

Wie! in der Nähe von solch wunderbaren Wesen ... hätten Sie die Zeit gefunden, an mich zu denken! an mich, die ich so klein bin ...

...

It's a mistake, but do make it still. Bleiben Sie mir nur weiter in diesem so süßen Irrtum.

*

... dann, o kostbare Erinnerung, wirst Du also vielleicht kommen, um dich in meinem Leben zu reinkarnieren? Denn um ihren unaufhörlichen Toden zu begegnen, gibt es auch laufend Reinkarnationen unserer Taten und unserer Gedanken. Dichter, haben Sie daran gedacht?

*

Und die undisziplinierte Elevin kann Ihnen im Tausch nur ein wenig von ihrer Tollheit bieten, mit der Sie ebensowenig etwas anfangen können, wie sie es mit Ihrer Vernunft kann.

*

Trotz meiner entschiedenen Freundschaft, und obwohl ich (oh Schande!) eben einer von diesen grobschlächtigen Menschen bin »*who must lay heavy hands upon life*«, kann ich mich von Ihnen lösen. Ich habe in meinem Leben so viele Verzichte geleistet! Ich bin daran gewöhnt. Ich werde also freudig all die akzeptieren, die Sie mir *auferlegen* werden. Aber – *despite the appeal to my beloved Plato* – (ach! ... Sie kennen bereits die wunden Punkte meines Geistes und nutzen sie aus!) erwarten

Sie nicht, mich dazu zu bringen, den Verzicht zu *wählen*. Das ist, zu dieser Jahreszeit, meiner Stimmung entgegen.

...

Andererseits kann ich mich nicht entschließen, »die Bewegungen des Fleisches lächerlich« zu finden – bestimmte Bewegungen vor allem, die unnützesten, erscheinen mir im Gegenteil schön, wie die Kunst selbst, wegen ihrer Eitelkeit, ihrer vollkommenen Unfruchtbarkeit. – Oder ich verdamme alle Bewegungen, die des Geistes eingeschlossen ... und die absolute Dummheit, jene, die weder wachsen noch vergehen kann, der unveränderlichste, der eingewurzeltste Irrtum, wird mein Idol ...

*

Kommen Sie, Dichter! schauen Sie mich nicht so an: Ich bin nicht so lasterhaft, wie ich zu erscheinen versuche. Ich gebe mir nur einen üblen Anschein, das ist alles.

*

Wir sind heute in der unsympathischen Stadt ausgegangen; – sie ist mir sonderbar verändert erschienen. Die melancholischen Erinnerungen an unsere neulichen Spaziergänge lauerten an jeder Straßenecke, und mir war, als sähe ich Sie ein paar Schritt vor mir gehen.

*

Langweilen Sie sich nicht. Das ist sehr ungesund. Begehen Sie lieber irgend Verrücktheit, egal welche! ...

...

Ich verspüre Gier nach allen Drogen. Das liegt natürlich an dieser verfluchten Hitze. Mein Meister, in gewissen Fällen von verschwenderischer Freisinnigkeit, schlägt vor, mir genug Alkohol zu kaufen, damit ich mich betrinke. Danke! das ist zu brutal für mich ...

...

Aber ...

(Er erlaubt mir folgende Lesart: ein freundlicher Tyrann, alles in allem!) ...

Man tröstet sich, wie man kann.

*

– Frau? Ja doch! – Ach, wem sagen Sie das! Dichter, das ist grausam. Aber Sie schreiben mir so wundervoll entschädigende Dinge, daß Sie mich beinahe mit mir selbst versöhnen. Mich! – einen sehr bescheidenen Narziß. Ich werde Ihnen meine *self-love* erklären … Sie ist vorgetäuscht. Reiner Stoizismus, Stolz vielleicht … In Wirklichkeit habe ich die anderen überaus nötig.

*

… Und ich, ich bin bereit, alle Versprechungen heimtückisch zu brechen – sofern Sie ohne Verachtung meine jeglichem Skrupel unzugängliche Seele annehmen würden, oder meinen empörten Körper, oder sogar beide … Ein Körper ist leicht zurückzuweisen, aber eine entschlossene Seele! …

So ist die meine, sogar Ihrer Verachtung trotzend, Ihnen ergeben, Dichter! – und Sie können nichts dawider …

*

HÖHEPUNKT

Ich drücke mich sehr, sehr schlecht aus. Es gibt Sätze, die nicht dafür geschaffen sind, begriffen, sondern vielmehr gefühlt zu werden. Wozu sagen: »Ich liebe Sie«? Ich möchte es nur ganz fest denken können, Ihnen nah, in der Stille …

*

Es gibt ein Wesen auf der Welt, das ich um keinen Preis betrügen will – und das sind Sie.

Ich würde mich lieber selbst verleumden, als zu versuchen, Sie mit vorgetäuschter Schönheit zu verführen. Trotz meiner Selbstliebe (einem intermittierenden Fieber, das versichere ich Ihnen) kenne ich also meine Mängel, meine intellektuellen und körperlichen Häßlichkeiten. Ich will, daß sie auch Ihnen nicht mehr unbekannt seien.

*

Ich habe heute morgen mein rotes Heft genommen und versucht, die glücklichen, unvollständigen und also vollkommenen Momente im einzelnen zu rekonstruieren, die ich Ihnen – o mein Freund! – verdanke. Herrje! ich bin ganz außer mir über das, wessen ich entblößt bin und was grausam einem perversen Gedächtnis entflieht (ach! ich bin damit schwer gestraft!). Sogar die Reihenfolge dieser Momente entgeht mir (o ungreifbare Erinnerungen!) ... Aber wenn die Analyse verloren ist, bleibt mir, durch das gegenwärtige Leid hindurch, eine gewisse Synthese des vergangenen Glücks, die ich dem trübseligen Tag entgegensetze.

Und ich lebe von diesem Schwung, wie eine Maschine mit ausgeschaltetem Motor, die immer noch weiterrollt …

Ich bestehe mehr, als daß ich existiere – angewiesen auf Ihr subtiles Schreiben, oder verurteilt durch Ihr hartes Schweigen. (Ich glaube nicht daran, Du weißt es. Du wirst mich nicht verurteilen. Ich vertraue darauf.) Aber wenn Sie die Hoffnung allzu geizig zumessen – Vorsicht: werde ich in einem Anfall von Empörung oder Lebenskraft einen Armvoll meiner Erinnerungen packen und voranwerfen. Dann werde ich mich dem Winter zuwenden, wo diese Erinnerungen starke Hoffnungen sein werden. Ich werde wieder Mut schöpfen – genug Mut, um alle Skrupel zu überwinden, einschließlich der Ihrigen, mein junger Gott (von dem Shakyamuni, der Geliebte der Kybele, nur ein Priester ist, und nicht der stärkste!), einschließlich der Deinen, o mein Dichter (aber die Dichter, schau mal! die haben von vornherein kein Anrecht auf Skrupel!) …

Verzeihen Sie mir diese Abschweifung und schelten Sie mich, bitte, mein Liebster. Vielleicht schreibe ich eben deshalb: Ich habe nur den einen Wunsch: Ihre Stimme zu hören, das, was immer sie mir auch zu sagen habe. Schreiben Sie mir.

Ich habe in meinem Stolz den Stein der Weisen der Liebe gefunden. Mit ihm kann ich die Verwandlung der Freuden vollbringen: aus den Zeichen werde ich Töne machen; aus den

Tönen Düfte; aus den Düften Küsse; aus den Küssen werde ich Liebkosungen gewinnen ... Zweifellos besitze ich dieses Vermögen – umarmen Sie mich trotzdem, als ob nichts wäre! ...

*

Ich begnüge mich damit, diesen geheimen Wegen zu folgen, und wenn ich kann, stoße ich Sie darauf: Man muß leben, Liebster! – das heißt für mich, um Sie frei zu lieben. Und die Freiheit läge in der Lüge? Zweifellos: an ihrem Platz. Seit Jahrhunderten hat sie keine andere Heimstatt gehabt. Bin ich zynisch? Nein: die Liebe hat mich im Gegenteil verjüngt. Oft war diese Liebe unschuldig bis zur Unbeholfenheit. Ich halte das nicht für ihren einzigen Reiz, und dies liegt mir auf dem Gewissen – dies allein!

*

Jedoch die Aussicht auf ein paar Tage in ... Gefährliche Hoffnung. – Gefährlich! Wenn sie enttäuscht würde. Unterdessen tröstet mich der Meister mit einer Liebenswürdigkeit, die – ach! recht schlecht belohnt wird. Ich muß unerträglich sein!

... und ich würde es brauchen, das beruhigende, ruhige Meer, welches man nicht verwechseln darf mit einem Vergessen, das meinem Wunsch zuwiderliefe – und völlig undurchführbar wäre.

*

Unsere Reise ist ausgezeichnet gewesen ... Im Zug haben wir die besten Plätze gewählt: allein, gegenüber einem sehr hübschen Burschen, der Léonide Massine[55] ähnelte und den ich (Sokrates weiß, warum!) Ihrem Herrn Vater hätte vorstellen mögen.

*

Wo ist meine schöne Gleichgültigkeit geblieben? Die Unzulänglichkeit dieses Egoismus, auf den ich so stolz war, liegt dem Ungleichgewicht zugrunde. Ihn ganz und gar zu unterdrücken, wäre auch gut – aber ... Ich muß ihn also wiedergewinnen, vollständig.

Und dennoch, was Sie betrifft, kann und will ich nichts von meiner großen Zärtlichkeit zurücknehmen – und müßte ich darum die schlimmsten Qualen erleiden. Denn ich würde sie lieben.

*

»It occurs to you that perhaps (!) I may be troubled to know you ill?« ... *By Jove!* ... und man muß dafür kein weiches Herz haben! Ich weiß nicht recht, wie das meine ist – eher schlecht, alles in allem –, aber ich fühle mich völlig hilflos, so unfähig, Ihren Kum-

mer zu lindern, so fern von Ihnen, unabänderlicherweise! – und was täte ich in Ihrer Nähe, außer Ihnen lästig zu sein?: ich weiß mich so schlecht um die Wesen zu kümmern, die ich liebe! …

Sie sollten wissen, was meine Angst ist und sein wird, bis ich Sie nicht – bald, ach, bald! – vollständig wiederhergestellt weiß …

Ich hätte mir so sehr gewünscht, nach … zu kommen und wenn nicht Ihr Leiden zu heilen, so doch wenigstens zu versuchen, Sie davon abzulenken …

*

KRISE
(Bruch der sinnlichen Bande)

My one and only

Ja, Sie sind einzigartig, mein kleiner Gott (jedes Wesen ist es offensichtlich, Sie aber mehr als jedes andere) …

…

Sie sind einzigartig, und ich liebe Sie, und unsere Freundschaft – vor der harten Notwendigkeit tun sich mir endlich die Augen auf, welche Sie so lange mir vergebens haben öffnen wollen –

kann, gereinigt von den Tränen, die sie besudeln, eine außerordentliche, dauernde, unerschütterliche Freude werden ...

...

Ich habe beschämt für meine sehr schlechte Sache plädiert – und ich habe meinen Prozeß verloren: der Meister stellt mich stets vor die gleiche harte Alternative – *the golden cage* (der groß genug ist, alles in allem) – oder das Universum, das mir Angst macht.

Auf meiner Unentschlossenheit, der entsetzlichen Infantilität meiner Verstellung zu beharren, bringt zu viel Kummer mit sich, würde Katastrophen riskieren! ... Und ich habe gewählt.

Für dieses Leben sind alle meine Werte falsch – alles muß von vorn anfangen! ...

Man muß mir glauben: ich verhielt mich Ihnen gegenüber sträflich, unbedacht, schlimmer vielleicht ... aber immer loyal. Und als ich Sie verleitete, wie ich es so oft getan habe, zweifelte ich noch immer, trotz allen Beweisen, daß es Männer wie meinen Meister, wie Sie geben könne: ehrlich, leidenschaftlicher zweifellos, abhold jeglicher Gefühlsteilung – so anders als ich, die ich fordernd, lasterhaft – anormal bin. – Ich nehme an, ich muß es endlich einsehen!

Wenn Sie mich nach diesen schrecklichen Geständnissen immer noch lieben, nun, wohlan, Dichter! Man wird verzichten müssen, wie Sie es mir so oft angedroht haben, sich mit de G... (unserem nationalen Sokrates)[56] vergleichend.

Aber es wird nicht dasselbe sein!

Sie sind jung – ach! so jung und so *schön*! –, und Sie werden noch sehr wünschenswerte Eroberungen machen, Sie werden noch sehr reine Leidenschaften in Wesen entfachen, die Ihrer würdiger sind als ich. Ich hoffe es von ganzem Herzen, welches Sie mit einem vor lauter Tränen entfärbten Egoismus endlich liebt ...

Aber Sie werden mir vielleicht eine schlichte und sichere und tiefe Freundschaft bewahren (ist das zu ehrgeizig?) ... Ich bin nicht eifersüchtig – ich muß ja wenigstens die Tugenden meiner Laster haben.

Bedauern Sie mich auch nicht. Mein Teil wird der beneidenswerteste sein. Ich habe Ihnen ja gesagt, daß ich zum Gott erheben muß, was ich liebe. Sie haben mir geantwortet, daß, wenn die Liebe sich verwirklicht, das Spiel gefährlich wird. Ich werde von nun an im Schutze der Gefahr sein – und werde mich an der Anbetung berauschen können, my one and only God!

Sie sehen, wo ich stehe: Rückkehr des Egoismus. Meine Entschuldigung, während dieser bewegten Tage viel gelitten zu haben, könnte Ihr Leid nur verschlimmern. Ich nehme sie zurück. Sie werden verzeihen, daß ich vor Ihnen ganz ohne Entschuldigung bin.

(Ja, ich glaubte ehrlich (!), daß man hienieden jeden Gegenstand seiner Liebe, seines Begehrens nehmen und aufnehmen kann, sofern er nur einwilligt!)

Aber ich bin die einzige, die so gedacht hat. Ich allein bin schuld. Sagen Sie, bitte, schreien Sie – daß Sie in Ruhe gelassen werden möchten! Alle sollten es wissen ...

Schreiben Sie mir, daß Sie verstehen, daß Sie verzeihen, daß Sie *vergessen*, daß Sie fröhlich sein werden – fast schon geheilt. Machen Sie sich um mich keine Sorgen: ich bin es gewöhnt, meine Träume an mir vorbeiziehen zu sehen, während ich meine schlaffen Orientalenarme hängen lasse ...

*

Verfall

... und warum nicht hier?

Ich spreche für ich weiß nicht welchen Gott diese zwecklosen Gebete. Die Götter sind wohlwollend, aber unfähig, glaube ich, uns zu erhören. Sie können kaum ihr eigenes Glück erhalten! Alle Götter machen den Eindruck, mehr und besser als die Menschen zu leiden. Das ist ihre Überlegenheit.

...

Das Land ist immer gleich: ungemein schön. Aber dieses Jahr finde ich seine Schönheit kalt, und ich bewundere es, ohne es zu lieben. – Noch ein ohnmächtiger Gott!

Jeder Tag erscheint mir lang zu durchleben – der Abend soviel vorzüglicher als der Morgen! (außer bei Schlaflosigkeit).

*

Auch mir ist und wird es immer ein Vergnügen sein, mit Ihnen zu plaudern, Ihnen zuzuhören vor allem – o weise Stimme des Dichters! –, heute jedoch Ihnen von meinen monotonen Freuden zu erzählen und von der seltsamen Beklemmung, die aus den noch nicht gelebten Tagen dieses Monats (zuviel Sicherheit zweifellos) so liebsame Augenblicke macht – eine Mischung aus Vag- und Bestimmtheit –, als wären sie bereits Erinnerungen. Auch zuviel Unsicherheit: ich spüre, wie ich mich Minute für Minute verändere, und das zugleich mit Ungeduld und Bedauern. – Ist der pneumatischen Uhr ihr Rucken bewußt? Leidet sie darunter, es nicht nach Belieben verlangsamen oder beschleunigen zu können? ...

… Weder Sätze noch Musik. Sondern ein höherer Rhythmus hat von mir Besitz ergriffen. Die reine Luft, das klare Meer, der makellose Himmel – angemessene Erschöpfung, wohlverteilte Erholung …

*

Um dieses Land der Herzensfröhlichkeit zu verlassen, werde ich etwas brauchen, das eine große Anziehungskraft hat. Es ist eine Liebe, die stärker ist als die zum Geburtsland – dem Ort, wo ich meiner selbst bewußt geworden bin, wo ich begonnen habe mir vorzustellen, daß ich dächte! wo ich mich zum ersten Mal geliebt habe.

– Ich übertreibe!

…

Schreiben Sie mir Briefe, wie Sie es verstehen: lebendig, bewegend, die Illusion einer Gegenwart – aber nicht wie den letzten, der mich beinahe zum Weinen gebracht hat … oh! nur aus Wut auf Sie!

Und Sie haben keine Entschuldigung: denn die Worte, die mich im Stich lassen, sind Ihnen gehorsam, unterworfen …

Aber: ich liebe Sie, und ich fordere Sie heraus, diesen Satz gegen mich zu wenden.

*

NEUERLICHE KRISE
(Bruch der intellektuellen Bande)

… Und im übrigen erfüllen die Sonne, das Meer, die Liebe mir den Leib und die Seele – sagen wir bescheidener: den Geist. Denn Seele besitze ich zweifellos nicht viel …

»*Im Schönen, im Wahren leben*«? … Schönheit strebe ich an, gewiß! aber wie könnte ich mir anmaßen zu behaupten, daß ich sie dauernd besitze? Das kann für mein unvollkommenes Wesen nur ein krampfartiges Glück sein. Das ist genug, um weiterzumachen.

Was die *Wahrheit* betrifft, soll ich es Ihnen gestehen? sie bekümmert mich kein bißchen. Ich suche sie nicht – ich fliehe sie. Und ich halte dafür, daß darin meine *wahre* Aufgabe liegt …

*

In diesen letzten Wochen mußten Sie, jedenfalls konnten Sie viel Schlechtes über meine Freundschaft denken, wenn nicht über mich …

Ich habe Ihnen seit langem nicht geschrieben, ich habe

Ihren letzten Brief nicht beantwortet, der doch liebevoll war und voller weiser Ratschläge – die ich natürlich nicht befolgen werde! Schwache Wesen müssen, ach! immer nach ihrem eigenen Kopf handeln. Sie fragen nicht danach, welches intellektuelle Regelwerk – vielmehr *moralische*, nicht wahr? – der Künstler befolgen muß, damit er vielleicht (mit »coaxing«) ein winzig kleines minderes Talent entwickele.

Sie leben ihre Phantasien, zerstören sich nach Lust und Laune und erschaffen nur, wenn es ihnen paßt ... Immer vergebens vergewaltigt von dem »Wahren« (mit seinem Gefolge abstumpfender Betrübnisse oder traumloser Freuden), aber ihrer Schwäche sich bewußt, vermeiden sie sorgfältig jegliches freiwillige Opfer für die – so außer allem Verhältnis stehende, im ganzen genommen so lächerliche! – schwere Maschine des Ruhms, die sie zermalmen würde.

Das Glück ist ihre Leidenschaft; es ist ihre Manie, ein so schwieriges Glück für diese so Schwierigen, daß sie nicht zögern werden, ihm ihr neugeborenes Genie darzubringen (– welches schon mißgebildet ist. Gesellschaft! dein Verlust ist gering).

Allein die zarte und doch unzerbrechliche Freude der Kinder hat sie verführt. Sie werden freiwillig »kindisch« sein und sich ihrer Reife bis zum Tode widersetzen, wenn sie's können.

…

Wenn ich Ihnen von Kunst und Lüge gesprochen habe, mein lieber unverbesserlicher Dichter (denn es ist der Dichter, der sich empört und das Schöne und das davon unzertrennliche – wohl eher damit unvereinbare! – »Wahre« fordert, nicht der Philosoph kann das sein), wenn ich Ihnen von Kunst gesprochen habe, begreifen Sie, daß es sich dabei nur um Leben handelt – Leben, das ich Kunst nenne, zweifellos (ohne zuviel Bescheidenheit) um ihm etwas Wert zu verleihen. – Auf die Literatur pfeife ich, so wie Sie auf …

Glauben Sie ja nicht, wegen dieser Diskussion, welche ich gern führe, …

Man kann eine unterschiedliche Meinung über den Wert des »Wahren« haben – und sich damit begnügen, die besten Freunde der Welt zu sein.

…

… Sie antworten ironisch, und ich fühle mich meinerseits verletzt. – *Schließlich bin ich kein Engel!* … Es wäre so einfach (scheint es!) zu plaudern: auf Ihrem lieben Gesicht nach dem Abglanz eines unpassenden Wortes zu spähen, es rechtzeitig zurückzunehmen; die Deutung der Sätze zu überwachen, die dunklen, die verwerflichen zu berichtigen ...

Demnächst, vielleicht?

...

– Ich werde versuchen müssen, mich zum »Wahren« zu bekehren. Ich verlange nichts, als Ihnen zuzuhören, denn Sie werden, dessen bin ich mir sicher, bewundernswerte Dichterargumente anführen. Und wenn ich Ihnen dann schlecht zuhöre, so werde ich mir wenigstens den besten Anschein geben – und werde Sie anschauen! Wer weiß? Viele wurden durch weniger bekehrt ...

*

Sie beherrschen die Kunst, mich dazu zu bringen, unbesonnen zu handeln, Worte auszusprechen, die meine Lippen mißbilligen – so daß ich über mich selbst erstaune.

Kein anderer auf der Welt erreicht soviel bei mir.

*

... Meine Gewissensbisse werden von der Tatsache gelindert, daß Sie mich ein wenig zum Handeln gezwungen haben – und daß ich glaubte, Sie hätten zuviel *Scharfsinn*, um sich nach so vielen intimen Diskussionen noch *Illusionen* über mich zu bewahren. Ich kann mich noch Wort für Wort an einen Satz aus Ihren Briefen erinnern: »Leugne es nicht: ich weiß alles, was Du denkst ... O Gott! wie peinlich es ist, so intelligent zu sein!« (so scharfsinnig?) – folglich ist es verzeihlich, daß ich glaubte, Sie seien Ihrer selbst völlig sicher! (das heißt Ihrer Wahl).

*

Trotz meinen »dreißig Jahren« (Sie irren übrigens: es muß einunddreißig heißen) habe ich, leider! die Vollkommenheit in der Ironie und der Bosheit nicht erreichen können ...

Liebesbriefe des Dichters an die Androgyne

Dieser Brief ist der schwierigste, den ich je schreiben mußte, denn ich sehe klar und deutlich, daß Sie mich gar nicht verstehen, daß Sie mich nie verstanden haben, daß es, leider! möglich ist, daß Sie mich nie verstehen werden! …

*

Ich habe Sie für aufrichtig und loyal gehalten. Leider! habe ich geglaubt, Sie hätten viel Herz und viel Talent! …

Dies gesagt …

*

Wenn, zu Neujahr, die hübschesten Frauen der ganzen Welt mir Rosen schicken, gefällt es Ihnen, Dornen zu schicken. Meiner Meinung nach ist das sehr geschmacklos!

…

Ich hege durchaus keinen Groll, aber bilden Sie sich nichts darauf ein: der einfache Grund ist, daß ich das ganze für Kindereien erachte, unwürdig Ihrer *30* Jahre – und von keinerlei Bedeutung …

Im Umgang mit anderen Wesen und dank ihrem Lob, dank ihrer gerechten Meinung von meinem Wert habe ich eine absolute Wertschätzung meiner selbst erworben, die Ihr völliger Mangel an Wertschätzung und Respekt nicht zu verringern vermöchte …

Wenn uns etwas mißfällt, ist es einfach zu schweigen – so wie ich es jedesmal getan habe, wenn Sie mir mißfielen. Leute, die aus gutem Hause stammen und eine gute Kinderstube genossen haben, wissen wohl, daß man sich dergestalt verhalten muß.

Aber ich denke, daß jeder kleine *Narziß* nur sich selbst bewundern kann; doch verringert er seine eigene Schönheit, wenn er die anderen *anbellt* …

Sie gehen wahrhaftig zu weit. Bin ich denn dafür zu tadeln, Ihnen allzuoft erlaubt zu haben, mich zu beleidigen?

Ich habe hier ein bewundernswertes Axiom niedergeschrieben:

»Die Kritik ist leicht, aber die Kunst ist schwer.«

Beschäftigen Sie sich also lieber damit, selber ein Meisterwerk zu erschaffen (oder wenigstens ein Werk der Schönheit).

Schließlich denken Sie daran: das Schweigen ist so schön!

* *

(Man glaube ja nicht, daß die Korrespondenz wegen solcher Kleinigkeiten abgebrochen wurde. Nach Ablauf der »moralischen Zeit« hat unser Dichter sie wiederaufgenommen. Was ist schon ein Widerspruch mehr für einen Dichter?)

Urteile der drei Heroen, nachdem die Affäre beendet ist:

Die Androgyne hat sich mir angeboten – und ich habe sie zurückgewiesen. Ich bin der tugendhafteste aller Menschen!

*

Der Dichter hat ihr den Hof gemacht, aber die Androgyne hat mich vorgezogen. Ich bin der glücklichste aller Menschen!

*

Der Dichter ist eitel, unvermögend; und mein Meister brutal, tölpelhaft – ich bin recht unglücklich! … Aber Geduld! *Der Tag wird kommen* … Ich habe mein letztes Wort noch nicht gesagt!

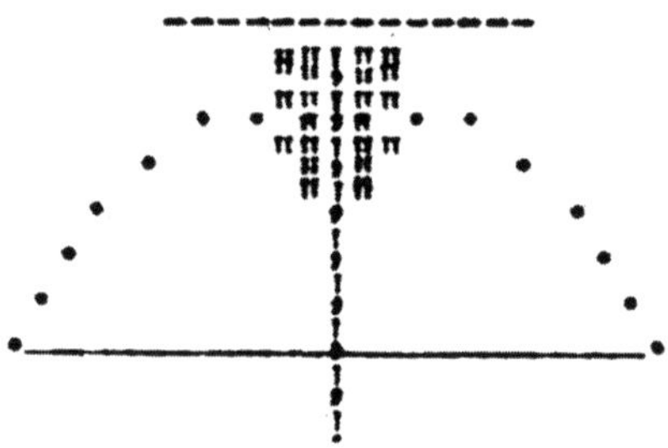

Anmerkungen zu den Texten

1 Die Adresse »Andromède au Monstre« (Andromeda an das Monster) läßt sich auch als »Andromeda vor dem Ungeheuer« lesen, was die klassische Szene bezeichnet, in der Andromeda, an einen Felsen am Meer gekettet, dem Seeungeheuer Ketos geopfert werden soll und von Perseus befreit wird. »Andromède au Monstre« war besonders bekannt als Titel und Thema eines Sonetts aus dem Gedichtband *Les Trophées* (1893) des kubanisch-französischen Dichters José-Maria de Heredia (1842–1905), das dieser dem Maler Gustave Moreau zum Neujahrstag 1884 übersandt hatte und von dessen bildkünstlerischen Andromeda-Darstellungen (1867–1882) inspiriert ist. Indem Cahun sich als Andromeda vorstellt, entwirft sie eine psychologisch-soziologische Konstellation, die in den *Heroinnen* vielgestaltig aufgegriffen wird und auch autobiographische Bezüge aufweist: Kassiopeia, die Mutter, deren Hybris das Unheil über die Tochter bringt und zur Strafe kopfüber an den Himmel gebannt wird, Inbild der Frau, die ohnmächtig und ausdruckslos den patriarchalischen Machtverhältnissen erliegt (Cahuns Mutter verbrachte den größten Teil ihres Lebens in psychiatrischen Kliniken); der Kampf zwischen Perseus, dem geliebten, aber fragwürdigen männlichen Heros, und Andromedas Onkel und Verlobten Phineus (der insbesondere auf Cahuns Onkel und geistigen Vater Marcel Schwob, im weiteren Sinne auf die männliche literarische Deszendenz der Schwobs bis auf ihren leiblichen Vater Maurice verweist); schließlich das »Monster«, das bald als das attraktiv Animalisch-Männliche, bald als weibliches Es erscheint, vor allem aber als Allegorie der geschlechtlichen – und gesellschaftlichen – Alterität eine Identifikationsfigur darstellt (so bei

Salmakis-Hermaphroditos, dem »Monster aller Monster«). In einem selbstreferentiellen Spiel, das im Werk Cahuns oft begegnet, ist in der Adresse darum auch sie selbst als »Monster« angesprochen, während sie vordergründig einer geistigen Autorität gedenkt: des Dichters Jules Laforgue (1860–1887), der mit seinen *Moralités légendaires* (1887) einen Prototyp moderner Mythologie für Cahuns *Heroinnen* schuf. In der neuen Gattungsbezeichnung der »legendarischen Moralität« drückt Laforgue aus, daß mit einer historisch-mythischen Entwicklung eine Reflexion auf Abstrakta einhergeht.

2 Im Original: »Il a plu. Il a cessé de plaire.« Vermutlich ein Zitat aus Émile Faguets Artikel »Le krach du divorce« (*Revue bleue*, Serie 4, Bd. 16, Nr. 24, 14. Dez. 1901, S. 738–740, hier: 739), später aufgenommen in: É. Faguet, *Le Féminisme*, Paris: Société Française d'Imprimerie et de Librairie, 1910, S. 155–165 (160).

3 Eine von Cahuns Vater Maurice Schwob gegründete und ab 1921 von Charles Malexis geleitete Frauenzeitschrift, die 1920–1940 und 1945–1954 als Supplement zur Tageszeitung *La Petite Gironde* erschien.

4 Vgl. Genesis III:5.

5 Einem alten französischen Aberglauben zufolge, der von Léo Desaivre (*Croyances, présages, usages, traditions diverses et proverbes*, Niort: Clouzot, 1881, S. 31) für Champdeniers bezeugt und von Paul Sébillot (*Le Folk-Lore de France*, Bd. 3, Paris: Guilmoto, 1906, S. 391 f.) im Poitou und im Bocage der Vendée verortet wird, muß man sieben grüne Vogelbeeren (*cormes*) essen, um das Geschlecht zu wechseln. Literarisch verarbeitet hatte ihn bereits Cahuns Onkel Marcel Schwob in seiner Erzählung »Les Noces d'Arz« (in: *Cœur double*, Paris: Ollendorff, 1891, S. 226).

6 Vgl. Shakespeare, *Romeo and Juliet*, III, 5.

7 Vgl. Honoré de Balzac, *Une ténébreuse affaire* (1841), Kap. XII.

8 Cahun adaptiert frei die sogenannte Bibel von Port-Royal, die französische Bibelübersetzung von Louis-Isaac Lemaistre de Sacy (1613–1684), nach dortiger Verszählung Judith VIII:5–6, 24–27, 33 und XI:6 (Cahun gibt irrtümlich »Judith – VIII et IX« an), in der Luther-Bibel VIII:5–6, 21–22, 27 und XI:6.

9 Vgl. Oscar Wilde, *Salomé. Drame en un acte*, London: Elkin Mathews & John Lane, 1893, S. 40: »Ah! j'ai glissé! j'ai glissé dans le sang! C'est d'un mauvais présage« (Hérode).

10 Vgl. Johannes II:4.

11 Homer, *Odyssee*, II, 87–92. Cahun zitiert Homer nach der französ. Übersetzung v. Pierre Giguet (*L'Iliade d'Homère/L'Odyssée d'Homère*, Paris: Paulin, 1843; *L'Iliade et l'Odyssée*, Paris: Victor Lecou, 1846; Œuvres *complètes d'Homère*, Paris: Hachette, 1857 [[20]1923]).

12 Paul Valéry, »La jeune Parque« (1917): »Je sors, pâle et prodigieuse, / Toute humide des pleurs que je n'ai point versés, / D'une absence aux contours de mortelle bercés / Par soi seule…«

13 *couleur du temps* – französ. f. changierende Farbe.

14 Vgl. *Odyssee*, II, 94 f.; XIX, 139 f.; XXIV, 129 f.

15 Vgl. Homer, *Ilias*, VI, 357 f.; III, 139–142.

16 Ein geflügeltes Wort der vielgeliebten Comédie-Française-Schauspielerin Mademoiselle Gaussin (Jeanne-Catherine Gaussem, 1711–1767): »mademoiselle Gaussin est célèbre par cette réponse : Une de ses amies étant venue à lui reprocher ses trop scandaleuses, ses trop nombreuses galanteries : ›Que veux tu ? ma chère, dit-elle, ça me coûte si peu et ça leur fait tant de plaisir ! ‹« [*Mademoiselle Gaussin ist berühmt für diese Erwiderung: Als eine ihrer Freundinnen* *ihr ihre allzu skandalösen, ihre allzu zahlreichen Galanterien vorwarf, sagte sie: »Pah! es kostet mich so wenig, und* ihnen *macht es solche Freude ...«*] ([J.] P. [R.] Cuisin, *Bouquet offert à Mlle Rachel*, Paris: J. N. Barba, 1839, S. 29). Voltaire, der sie für die Rolle der Zaïre im gleichnamigen Theaterstück auserkor, widmete ihr im Jahr der Uraufführung (13. Aug. 1732) eine Epistel: »Heureux cent fois le mortel amoureux / Qui, tous les jours, peut te voir et t'entendre« [*Hundertmal glücklich der verliebte Sterbliche, der alle Tage dich sehen und hören kann*].

17 Cahun stellt einen Monolog aus sechs voneinander unabhängigen Fragmenten Sapphos zusammen (nach der Zählung von Ernst Diehl, *Anthologia lyrica Graeca*: 86, 12, 43, 108, 53, 46), wobei sie sich hauptsächlich auf die Übersetzung von Mario Meunier stützt: *Sappho. Traduction nouvelle de tous les fragments connus précédée d'une étude sur la poétesse de Lesbos*, Paris: Eugène Figuière, 1911 (überarbeitete und um neue Fragmente erweiterte Fassung in: *Sappho, Anacréon et Anacréontiques*, Paris: Grasset, 1932).

18 Zitat aus Charles Algernon Swinburnes »Anactoria« (1865): »... und die Erde, randvoll tödlicher Werke des Todes und der Geburt, mit hungrigem Verlangen nach Geburt und Tod verbrachtes Wundweh, hat Schmerz gleich meinem in ihrem gespaltenen Atem; ihr Blättersprießen ist unfruchtbar, und ihre Frucht Asche ...«

19 Chana Orloff (1888–1968), aus Weißrußland gebürtige französisch-israelische Bildhauerin und Graphikerin jüdischer Abstammung. Im Alter von 22 Jahren zog sie von Petach Tikwa, wo sie mit ihren Eltern seit 1905 lebte, allein nach Paris. Dort begann sie als Künstlerin tätig zu werden und stand bald im Kontakt mit verschiedenen Avantgardekreisen, besonders mit dem um Modigliani. Ihre Freundschaft mit Claude Cahun, von der sie eine Bronzebüste (1921) anfertigte, geht auf das Jahr 1919 zurück.

20 Zitat aus Ovids »Tristia« (IV, 10): »Von selbst fügte mein Gedicht sich in das passende Maß, und was immer ich zu schreiben versuchte, wurde Vers.«

21 Vgl. Matthäus XIX:14 et par.

22 Mario Meunier, *Sappho*, a. a. O.

23 Zitate aus Jean Aicard, *Jésus*, Paris: Flammarion, 1912, S. 48, 141 u. 143.

24 Ein unübersetzbares Wortspiel: »Alors pardonnez pour comprendre« bedeutet sowohl: »Dann verzeihen Sie, um zu verstehen«, als auch: »Dann verzeihen Sie das Verständnis«.

25 Zur besseren Verständlichkeit wird hier ein im Jersey-Typoskript durchgestrichener Satz eingefügt. Die ganze später teilweise getilgte, teilweise überarbeitete Passage liest sich wie folgt: »Ein braver Bursche, Gabriel, der Sohn einer anderen Engelmacherin, ließ sich überreden, ihn zu beschwatzen. Er erzählte uns, daß er, gerührt von meiner Unfruchtbarkeit – jede Frau sei dafür gemacht, Mutter zu sein, und Maria vor allen (das ist wahr, es ist meine Berufung!) –, überdies in gewisser Weise ein Arzt, uns ohne unser Wissen zu Hilfe gekommen sei: während wir schliefen, und so wie die Biene zur Befruchtung in die Blumen eindringt, habe er das, was Joseph gehörte, Maria gegeben. Das sei nicht schwierig gewesen ... Hier hielt Gabriel inne und lächelte. Joseph, der erotische Träume hat, errötete und war verwirrt ... Es genüge eine völlig keusche Spritze in den Arm, ins Ohr ... Die Operation heiße: künstliche Befruchtung. / Diese kundigen Worte überzeugten uns beide. / Die Hoffnung kehrte zu uns zurück« usw.

26 Zitat aus Charles Perraults Märchen »Cendrillon ou la petite pantoufle de verre« (Aschenputtel oder das gläserne Pantöffelchen), erschienen in: *Histoires ou contes du temps passé*, Paris: Claude Barbin, 1697.

27 Goethe, *Faust I* (1808), V. 3620–3645. Cahun gibt eine eigene französische Prosaübersetzung.

28 Pierre de Ronsard, *Sonnets pour Hélène* (1578), II, 24 (1584: II, 43): »Quand vous serez bien vieille, au soir à la chandelle, / Assise aupres du feu, devidant & filant, / Direz chantant mes vers, en vous esmerveillant, / Ronsard me celebroit du temps que j'estois belle.«

29 Vermutlich eine Anspielung auf Arthur Rimbauds Gedicht »Les Sœurs de charité« (1871).

30 Deutsch im Original (*uniforme »feldgrau«*).

31 Vgl. Richard von Krafft-Ebing, *Psychopathia sexualis. Avec recherches spéciales sur l'inversion sexuelle*, nach d. 8. Aufl. v. 1893 üb. v. Émile Laurent u. Sigismond Csapo, Paris: Georges Carré, 1895, S. 396 (Observation 123): »Déjà à l'âge de douze à treize ans, j'éprouvais des serrements de cœur étranges à la vue de l'uniforme collant d'un joli militaire ; les années suivantes, pendant que mes camarades d'école parlaient toujours de filles et commençaient même de petites amourettes, j'étais capable de suivre pendant des heures un homme vigoureusement bâti avec des fesses bien développées et plantureuses, et je me grisais à cet aspect« [*Bereits mit 12–13 Jahren verursachte mir die straffsitzende Uniform eines hübschen Soldaten die sonderbarsten Beklemmungen; und während in den nächsten Jahren meine Schulgenossen stets von Mädchen plauderten, wohl auch schon kleine Liebeleien begannen, war ich im Stande, einem kraftvoll gebauten Manne mit gut entwickelten, üppigen Posteriora Stunden lang nachzugehen und mich an diesem Anblick zu berauschen*]; S. 398: »Autrefois l'éjaculation se produisait cinq à huit fois dans une nuit, quand je me trouvais avec des hommes qui me plaisaient et qui m'excitaient passionnément ; maintenant encore j'éjacule quatre à six fois, étant excessivement lubrique et sensuel, au point que même le cliquetis du sabre d'un joli hussard peut me causer de l'émotion« [*Bei mir gefallenden, mich leidenschaftlich erregenden Männern erfolgte die Ejaculation in früheren Jahren 5–8 mal während einer Nacht, auch jetzt noch 4–6mal, da ich ungewöhnlich geil und sinnlich veranlagt bin, und mich beispielsweise schon das Säbelklirren eines flotten Husaren erregen kann*].

32 Deutsch im Original. »Spurlos versenken« war ein geflügeltes Wort für die deutsche Kriegs- und Außenpolitik geworden, nachdem die Vereinigten Staaten am 8. Sept. 1917 drei abgefangene Telegramme des kaiserlichen Gesandten in Buenos Aires, Karl Ludwig Graf von Luxburg (1872–1956), an das Auswärtige Amt in Berlin veröffentlicht hatte: Darin bittet er, die sich Bordeaux nähernden argentinischen Dampfer *Oran* und *Guazu* »tunlichst [zu] schonen oder spurlos [zu] versenken« (19. Mai 1917), nennt den stellvertretenden Außenminister Argentiniens, der von Berlin das Versprechen verlangen werde, keine weiteren argentinischen Schiffe zu versenken (im Verlauf des uneingeschränkten U-Boot-Kriegs waren in diesem Jahr bereits die Handelsschiffe *Monte Protegido* und *Torro* vernichtet worden), einen »notorischen Esel und Englands Freund« (3. Juli), und empfiehlt schließlich, argentinische Dampfer »zu[r] Umkehr [zu] zwingen[,] restlos [zu] versenken oder durch[zu]lassen, alle ganz klein« (9. Juli). Vgl. Kurt Doss, *Das Deutsche Auswärtige Amt im Übergang vom Kaiserreich zur Weimarer Republik*, Düsseldorf: Droste, 1977.

33 Im Original »Réhabilitation à l'insu de tous« – mit dieser Verheißung schaltete ein aktenkundiger Betrüger und Erpresser, der aus Tarascon gebürtige ehemalige Rechtsanwalt Joseph Gautier (*1858), wenn es seine wiederholten Verhaftungen erlaubten und trotz Verlust seiner Zulassung, ca. 1905–1929 zahlreiche Anzeigen *als Anwalt* in der französischen Presse, u. a. in *Le Journal, Le Figaro, Le Monde Illustré, Le Matin, Comœdia, Excelsior, L'Intransigeant, La Vie parisienne,*

La Liberté, L'Ouest-Éclair sowie im *Annuaire du commerce Didot-Bottin*. Gautier, der ausdrücklich Scheidung (»schnelle und sichere Lösung, garantiert von einer Praxiserfahrung, die von 1884 datiert, der Wiedereinführung der Scheidung in Frankreich«) und »religiöse Eheannullierung vor der Römischen Kurie« zu seinen Spezialisierungen zählte, aber ebenso »Ermittlungen, Nachforschungen, Überwachung« wie »loyale und diskrete Aufträge« übernahm, war zuletzt 1923/24 im Zusammenhang mit dem Fall Guillaume Seznec in die Schlagzeilen geraten.

34 Die letzten beiden Absätze werden aus der Druckfassung ergänzt (*Mercure de France*, Nr. 639, Feb. 1925, S. 637–640, hier S. 640).

35 André Gide, »Oscar Wilde«, in: *L'Ermitage*, Jg. 13, Nr. 6 (Juni 1902), S. 401–429, hier: S. 406; unter dem Kapitel »In memoriam« neben Nachrufen auf Stéphane Mallarmé und Emmanuel Signoret abgedruckt in: A. Gide, *Prétextes*, Paris: Mercure de France, 1903, S. 265–305, hier: S. 273.

36 Marcel Coulon (1873–1959), aus Nîmes gebürtiger Jurist und Literaturkritiker, der u. a. regelmäßig im *Mercure de France* und im *Figaro* veröffentlichte und besonders mit seinen Studien über Rimbaud und Verlaine bekannt geworden war. Zur Abfassungszeit der *Héroïnes* war er Staatsanwalt (Procureur de la République) in Beauvais (1920–1925). Das Zitat konnte nicht nachgewiesen werden.

37 D. h. das Himmelreich, das im Alten Testament geweissagte Reich Gottes. Jules Laforgue spielt darauf in einem Dialog seines »Hamlet« (*Moralités légendaires*, 1887) an, wie Cahun ohne nähere Bestimmung des Subjekts: (Laertes:) »Juste ciel, quelle absence de sens moral !« – (Hamlet:) »Alors, vous croyez que c'est arrivé ?« [Gerechter Himmel, welch ein Mangel an moralischem Sinn! – Dann glauben Sie also, daß es gekommen ist?]

38 Zitat aus Rimbauds Gedicht »Vagabonds« (*Illuminations*, ca. 1872–1875): »moi pressé de trouver le lieu et la formule«.

39 Vgl. Lukas XXIII:34.

40 Im Original »dans un bassin d'argent« – Zitat aus Oscar Wildes Drama *Salomé* (1893). Vgl. Matthäus XIV:1–12 et par.

41 Zitat aus Jeanne-Marie Leprince de Beaumonts Märchen »La Belle et la Bête« (Die Schöne und das Biest, 1756).

42 Zitat aus Jean de La Fontaines Fabel »L'Homme entre deux âges et ses deux maîtresses« (Der Mann zwischen zwei Lebensaltern und seinen zwei Herzensdamen), erschienen in: *Fables choisies*, Paris: Claude Barbin, 1668, Buch I, 17. Übersetzung von Ernst Dohm (1876), zit. n. J. de La Fontaine, *Sämtliche Fabeln*, München: Winkler, 1978, S. 67.

43 Vgl. Molière, *Le Misanthrope ou l'Atrabilaire amoureux* (Der Menschenfeind oder der verliebte Melancholiker, UA 1666).

44 Cahun adaptiert Charles Perraults Märchen »Riquet à la houppe« (Riquet mit dem Schopf), erschienen in: *Histoires ou contes du temps passé*, Paris: Claude Barbin, 1697.

45 »Sie waren (sehr) glücklich und bekamen viele Kinder« (*Ils furent [très] heureux et ils eurent beaucoup d'enfants*) – die französische Entsprechung zum formelhaften deutschen Märchenende: »Sie lebten glücklich bis ans Ende ihrer Tage«.

46 *de beaux restes* – wörtl. »schöne Überbleibsel«, französ. Redensart f. »Reste einstiger Schönheit«.

47 Zitate aus *Les Malheurs de Sophie* (Paris: Hachette, 1858 [[35]1926], Kap. VI u. XVI) der Comtesse de Ségur.

48 Zitat aus *Les Malheurs de Sophie*, Kap. I.

49 Zitat aus Charles Algnernon Swinburnes Gedicht »Hermaphroditus« (1863): »Doch wird von ihnen etwas Feuergleiches vergossen, das erst erstickt sein wird, wenn der Tod tot ist, obwohl weder Leben noch Schlaf dies herausfinden können.«

50 Vgl. Matthäus XVIII:7.

51 Zitat aus Cahuns »L'Androgyne, héroïne entre les héroïnes« (Die Androgyne, Heroin unter den Heroinnen), s. S. 103 in der vorliegenden Edition.

52 Zitat aus Baudelaires Gedicht »La Beauté« (*Les Fleurs du mal*, 1857).

53 Vermutlich eine Anspielung auf die »vierge folle« in Rimbauds *Une Saison en Enfer* (1873, Kap. »Délires I«).

54 Zitat aus Paul Valérys Gedicht »L'Insinuant«, erschienen in: *Les Écrits nouveaux*, Bd. 2, Nr. 8 (Juni 1918), S. 85; dann aufgenommen in: P. Valéry, *Charmes ou Poèmes*, Paris: Éditions de la Nouvelle Revue française, 1922.

55 Léonide Massine (Leonid Fjodorowitsch Mjasin, 1896–1979), russischer Tänzer und Choreograph. Seit 1912 im Ensemble des Bolschoi-Balletts, im darauffolgenden Jahr für die Ballets Russes als Tänzer engagiert, entwickelte er sich ab 1915 bis zu seinem Bruch mit Djagilew im Jahr 1921 zum wichtigsten Choreographen der Kompanie.

56 Vielleicht der von Cahun rezipierte französ. Philosoph Jules de Gaultier (1858–1942), Autor von *De Kant à Nietzsche* (Paris: Mercure de France, 1900) und *Le Bovarysme. Essai sur le pouvoir d'imaginer* (ebd., 1902).

1 Im Original »petite correspondance«: unter dieser Rubrik, die in der deutschen Presse meist »Briefkasten« oder »Briefmappe« heißt, selten nach französischem Vorbild »Kleine Korrespondenz«, wurden in Zeitungen und Zeitschriften für gewöhnlich die Antworten der Redaktion auf Leserbriefe veröffentlicht (nicht diese selbst). Unter den »kleinen Korrespondentinnen der Zeitschrift *Ève*«, denen Cahun »Eva die allzu Gutgläubige« widmet (s. S. 11), sind entsprechend die Leserbriefschreiberinnen zu verstehen. [Alle Anmerkungen von den Übersetzern.]

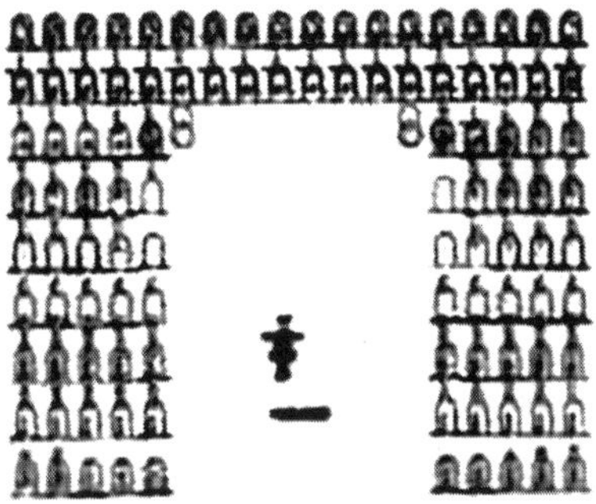

Claude Cahun

HÉROÏNES

Editorische Notiz

Grundlage für die Übersetzung und die Anordnung der Texte sind die Typoskriptkonvolute des Jersey Archive in Saint Helier (Cahun and Moore Collection, JHT/1995M/00045/71) und der Beinecke Library an der Yale University (Claude Cahun and Suzanne Malherbe Papers, GEN MSS 721, Box 1, Folder 8–9). Falls nötig und sofern vorhanden, wurde die Druckfassung zur Ergänzung des Originals herangezogen.

Das Jersey-Typoskript besteht aus 60 durchpaginierten und zwei nichtpaginierten Blättern: der als Durchschlag eingefügten letzten Textseite von »Cendrillon, l'enfant humble et hautaine« (entspricht S. 40) sowie dem Durschlag des Titelblatts von »Salomé la sceptique« (S. 47) ohne das handschriftlich nachgetragene Motto von Marcel Coulon. Die Paginierung (auf die wir uns im Folgenden beziehen) geht bis S. 71. Es fehlen bis dahin insgesamt elf Seiten: S. 1, das Titelblatt und die letzte Seite von »Marie« (S. 29 u. 35), die letzte Seite von »Marguerite, sœur incestueuse« (S. 46), die erste Textseite von »Salomé la sceptique« (S. 48), das Titelblatt von »La Belle (ou le goût de la bête)« (S. 52) sowie die Seiten 58–62. Darüber hinaus fehlen alle Paratexte (Hinweis an den Leser, Haupttitel, Motto).

So gut wie unverändert und in gleicher Reihenfolge wurden von den ersten zehn Texten des Jersey-Typoskripts sieben im *Mercure de France*, Heft 639 vom 1. Februar 1925, S. 622–643, publiziert: »Ève la trop crédule« (S. 2–6), »Dalila, femme entre les femmes« (S. 7–9), »La sadique Judith« (S. 10–14), »Hélène la rebelle« (S. 19–24), »Sapho l'incomprise« (S. 25–28), »Marguerite, sœur incestueuse« (S. 41–46) und »Salomé la sceptique« (S. 47–51). Die drei restlichen, zu Cahuns Lebzeiten unveröffentlicht gebliebenen Texte – »L'Allumeuse (Pénélope l'irrésolue)« (S. 15–18), »Marie« (S. 29–35) und »Cendrillon, l'enfant humble et hautaine« (S. 36–40) – werden in der vorliegenden Übersetzung dem Jersey-Typoskript entsprechend eingefügt.

In *Le Journal littéraire* (einem von Paul Lévy herausgegebenen wöchentlichen Supplement der Zeitung *Paris-Centre*), Heft 45 vom 28. Februar 1925, S. 8, erschienen der nicht im Jersey-Nachlaß enthaltene Text »Sophie la symboliste« und der an die im vorhergehenden Absatz genannten Texte anschließende Monolog »La Belle« (S. 52–53). Ersterer wird anstelle der fehlenden Typoskriptseiten 58–62 plaziert.

Das Jersey-Typoskript endet mit drei weiteren zu Cahuns Lebzeiten unveröffentlichten Texten: »L'Épouse essentielle« (S. 54–57), »Salmacis la suffragette« (S. 63–66) und »Celui qui n'est pas un héros« (S. 67–71).

Das Konvolut des Jersey Archive, zusammen mit den 1925 veröffentlichten Teilabdrucken, war bisher die Grundlage für alle Editionen der *Héroïnes* und, direkt oder durch diese vermittelt, für alle Übersetzungen:

Die erste vollständige Edition des Jersey-Typoskripts erschien in den von François Leperlier herausgegebenen *Écrits* (Paris: Jean-Michel Place, 2002, S. 125–159). Während die Transkription weitgehend getreu ist, sind einige von Cahuns typographischen Vignetten vertauscht. Die ebenfalls von Leperlier besorgte selbständige Ausgabe der *Héroïnes* (Paris: Éditions Mille et une Nuits, 2006) weist eine ähnliche Nachlässigkeit auf.

Vor der französischen Erstausgabe war die englische Übersetzung von Norman MacAfee in einem Ausstellungskatalog erschienen (*Inverted Odysseys: Claude Cahun, Maya Deren, and Cindy Sherman*, hrsg. v. Shelley Rice, Cambridge, Mass.: MIT Press, 1999, S. 43–94). Diese Edition ist um die korrekte Wiedergabe der Vignetten bemüht, in der Übersetzung aber nicht in gleichem Maße originalgetreu.

Noch kurz vor Erscheinen der *Écrits* wurden die *Héroïnes* in einem weiteren Ausstellungskatalog präsentiert. Dieser bietet innerhalb einer dreisprachigen Anthologie von Cahuns Schriften, in sehr gedrängter Form und ohne Vignetten, sechs *Héroïnes*-Texte: Dem Original von »Dalila«, »Judith«, »Marguerite«, »La Belle«, »Salmacis« und »Celui qui n'est pas un héros« ist eine neue englische sowie eine spanische Übersetzung beigegeben (*Claude Cahun*, hrsg. v. Maria Casanova, üb. v. Ricardo Lázaro, Anna Montero u. Elizabeth Powers, València: IVAM, 2001, S. 156–177).

Zuletzt sind die *Héroïnes* auf italienisch (*Eroine*, üb. v. Elena Paul, Palermo: :duepunti, 2011) und portugiesisch (*Heroínas*, üb. v. Daniel Lühmann, Rio de Janeiro: A Bolha, 2016) erschienen.

Das Beinecke-Konvolut (126 Blätter, größtenteils Durchschläge) ergänzt nun alle Fragmente des Jersey-Typoskripts bis auf das kurze fehlende Ende von »Marguerite« und enthält einen vollständigen Durchschlag von »Sophie la symboliste«, welcher Text bisher nur in der (im Motto gekürzten) Druckfassung bekannt war. Alle Paratexte sind in Originalen vorhanden: es gibt zwei handschriftliche Titelblätter, das handschriftliche Motto steht auf einem gesonderten Blatt, und der Hinweis an den Leser (ein Typoskript, zwei Durchschläge), der bislang nur als Anmerkung zu »Ève la trop crédule« in der Druckfassung des *Mercure de France* bekannt war, kann nunmehr seinen ihm ursprünglich zugedachten Platz als Hinweis zum Werkganzen einnehmen. Weiterhin kann mit dem einzigen paginierten Blatt des Beinecke-Konvoluts dem Jersey-Typoskript die fehlende Seite 1, die »Just Conversation«, restituiert werden, wenn es auch fraglich bleibt, ob Cahun diese Art »Prolog im Himmel« nicht schließlich verworfen hatte.

Im Anhang der vorliegenden Übersetzung folgt ein Text, der in der Sphäre der *Heroinnen* entstanden ist und folgerichtig in derselben Mappe der Beinecke Library verwahrt wird, sich in Form, Stil und Umfang aber deutlich unterscheidet und, wie zum Beweis seiner Sonderstellung, in »Celui qui n'est pas un héros« zitiert wird: »L'Androgyne, héroïne entre les héroïnes«. Nach einem Typoskript in Privatbesitz ist er von Leperlier in seiner Edition der *Héroïnes* (a. a. O., S. 81–106) erstmals publiziert worden. Überarbeitet und erweitert, ist er unter dem Titel »Aurige« als erster Teil des Kap. 4 in Cahuns Hauptwerk *Aveux non Avenus* (Paris: Éditions du Carrefour, 1930, S. 57–82) eingegangen.

Cahun hatte anscheinend vorgesehen, jedem Text der *Héroïnes* eine besondere, nie bloß ornamentale maschinenschriftliche Schlußvignette beizugeben. Diese Vignetten sind wie die Texte oft zweifarbig schwarz-rot gestaltet, und die einheitliche typographische Oberfläche erzeugt einen fließenden, organischen Übergang zwischen Text und Bild.

Die Schlußlinien von »Just Conversation« und zum Hinweis an den Leser, der Stern von »Marie«, eine Variante des Mausoleums für »L'Épouse essentielle« und die Handzeichnungen auf dem Schlußblatt von »Salomé«, bei denen es sich vermutlich um Entwürfe zur typographischen Umsetzung handelt, kommen durch den Beinecke-Nachlaß zu den bereits bekannten

Vignetten hinzu. Die Vignette zu »Marguerite«, von Leperlier anscheinend nach einem Typoskript in Privatbesitz herausgegeben, ist den *Écrits* (a. a. O., S. 147) entnommen.

Zur Datierung der *Héroïnes* gibt es bisher nur wenige Referenzen. Die Originalmappe des Beinecke-Konvoluts trägt den handschriftlichen Vermerk: »écrit en 1924«, doch findet sich schon in derselben Mappe der Gegenbeweis: das überarbeitete Ende von »Marie, mère entre les mères« ist handschriftlich auf den Dezember 1923 datiert. Richtiger erscheint vielmehr 1921–1924, die Datierung von »L'Androgyne«.

Im Folgenden die Nachweise der einzelnen Texte:

»Just Conversation«
Jersey: nicht vorhanden. • Beinecke: ein einseitiges Typoskript und zwei Durchschläge mit identischer handschriftl. Tippfehler-Korrektur. Das Typoskript ist handschriftl. als Seite 1 paginiert. • Bisher unveröffentlicht.

Eva die allzu Gutläubige
Ève la trop crédule. • Jersey: S. 2–6. Typoskript. • Beinecke: ein vollständiger Durchschlag, identische handschriftl. Tippfehler-Korrekturen. • Abgedruckt in: *Mercure de France*, H. 639 v. 1. Feb. 1925, S. 622–625.

Delila, Frau unter den Frauen

Dalila, femme entre les femmes. • Jersey: S. 7–9. Typoskript. • Beinecke: ein vollständiger Durchschlag, identische handschriftl. Tippfehler-Korrekturen. • Abgedruckt in: *Mercure de France*, H. 639 v. 1. Feb. 1925, S. 625 f.

Die sadistische Judith

La sadique Judith. • Jersey: S. 10–14. Typoskript. Handschriftlicher Zusatz zum Motto: »Judith – VIII et IX«. • Beinecke: ein vollständiger Durchschlag ohne den handschriftl. Zusatz, identische handschriftl. Tippfehler-Korrekturen. • Abgedruckt in: *Mercure de France*, H. 639 v. 1. Feb. 1925, S. 627–630.

Der Männerschwarm (Penelope die Unentschlossene)

L'Allumeuse (Pénélope l'irrésolue). • Jersey: S. 15–18. Typoskript. Handschriftliche Emendation auf S. 18: »un peu atardé« zu »un peu trop endormi«. • Beinecke: zwei vollständige Durchschläge ohne die handschriftl. Emendation, identische handschriftl. Tippfehler-Korrekturen. • Ungedruckt zu Lebzeiten.

Helena die Rebellin

Hélène la rebelle. • Jersey: S. 19–24. Typoskript. • Beinecke: ein vollständiger Durchschlag, identische handschriftl. Tippfehler-Korrekturen. • Abgedruckt in: *Mercure de France*, H. 639 v. 1. Feb. 1925, S. 630–634.

Sappho die Unverstandene

Sapho l'incomprise. • Jersey: S. 25–28. Typoskript. Handschriftliche Emendation der Widmung auf S. 26: »pour C. O.« zu »pour Chana Orloff«. • Beinecke: ein vollständiger Durschlag ohne die handschriftl. Emendation, identische handschriftl. Tippfehler-Korrekturen. • Abgedruckt in: *Mercure de France*, H. 639 v. 1. Feb. 1925, S. 634–636.

Maria, Mutter unter den Müttern

Marie, mère entre les mères. • Jersey: S. [29]–[35]; die Seiten 29 (Titelblatt) u. 35 (Ende) fehlen. Typoskript, stark handschriftl. bearbeitet. Die Widmung »pour E. S.« ist durchgestrichen. • Beinecke: ein vollständiger Durchschlag (entsprechend S. 29–35 des Jersey-Typoskripts) mit getilgter Widmung und den gleichen ursprünglichen handschriftl. Tippfehler-Korrekturen. Zwei Blätter auf anderem Papier ergänzen dieses Konvolut: ein alternatives Titelblatt mit der kurzen Vorbemerkung, die in der vorliegenden Edition zwischen Motto und Haupttext eingefügt worden ist (»*Eine Mutter ist ...*«), sowie ein überarbeitetes Ende (datiert Dezember 1923), das bezeichnenderweise die handschriftl. Emendationen der letzten erhaltenen Seite des Jersey-Typoskripts übernimmt und die in der vorliegenden Ausgabe abgebildete Vignette enthält. • Bis heute nicht vollständig gedruckt. Die Editionen von Leperlier basieren auf dem Fragment aus dem Jersey Archive. • In einem Brief an Adrienne Monnier vom 23. Juli 1926 (Bibliothèque Littèraire Jacques Doucet, Paris, Fonds Adrienne Monnier, MS 8718, B' I 11) schreibt Cahun: »À traverse elle [Marie], je m'en prenais à une mère qui me touche de près«.

Aschenputtel, das demütige und hochmütige Kind

Cendrillon, l'enfant humble et hautaine. • Jersey: S. 36–40. Typoskript. S. 40 ist ein Durchschlag ohne Paginierung. • Beinecke: ein vollständiger Durchschlag, ein Durchschlag ohne S. 40, jeweils identische handschriftl. Tippfehler-Korrekturen (bis auf »la fourrure« statt »les fourrures« auf S. 39 oben). • Ungedruckt zu Lebzeiten.

Margarete, inzestuöse Schwester

Marguerite, sœur incestueuse. • Jersey: S. 41–[46]; S. 46 (die kurzen letzten zwei Absätze beinhaltend) fehlt. Typoskript. • Beinecke: ein Durchschlag, ebenfalls ohne die letzte Seite, mit identischen handschriftl. Tippfehler-Korrekturen. • Abgedruckt in: *Mercure de France*, H. 639 v. 1. Feb. 1925, S. 637–640.

Salome die Skeptikerin

Salomé la sceptique. • Jersey: S. 47–51; S. 48 (erste Textseite) fehlt. Das Titelblatt mit dem Motto von Oscar Wilde ist als Abschrift und als Durchschlag vorhanden: Auf diesem, der im Gegensatz zur Abschrift paginiert ist, hat Cahun das in der

Druckfassung fehlende Motto von Marcel Coulon handschriftl. nachgetragen. • Beinecke: ein Durchschlag, entsprechend S. 48–51 des Jersey-Typoskripts, identische handschriftl. Tippfehler-Korrekturen. Auf S. 51 drei gezeichnete surreale Figuren. • Abgedruckt in: *Mercure de France*, H. 639 v. 1. Feb. 1925, S. 641–643.

Die Schöne oder der Geschmack des Biests

La Belle (ou le goût de la bête). • Jersey: S. [52]–53; S. 52 (Titelblatt) fehlt. Handschrift. • Beinecke: eine vollständige Handschrift (2 S.). • Abgedruckt in: *Le Journal littéraire*, H. 45 v. 28. Feb. 1925, S. 8.

Die wesentliche Gattin oder die Unbekannte Prinzessin

L'Épouse essentielle ou la Princesse Inconnue. • Jersey: S. 54–57. Typoskript. • Beinecke: eine text- und zeilenidentische zweite Abschrift mit leicht veränderter Vignette (in der vorliegenden Edition S. 80, vgl. S. 139) und ein Durchschlag. und ein Durchschlag. • Ungedruckt zu Lebzeiten.

Sophie die Symbolistin

Sophie la symboliste. • Jersey: nicht vorhanden. • Beinecke: ein schlecht lesbarer Durchschlag, 4 S. Der Text ist zwischen »L'Épouse essentielle« und »Salmakis« einsortiert, steht also genau an der Stelle, wo im Konvolut des Jersey Archive eine

Lücke klafft (S. 58–62), würde diese aber nur bis S. 61 füllen. • Abgedruckt in: *Le Journal littéraire*, H. 45 v. 28. Feb. 1925, S. 8. Das Motto ist gegenüber dem Typoskript gekürzt.

Salmakis die Suffragette

Salmacis la suffragette. • Jersey: S. 63–66. Typoskript. Handschriftliche Emendation auf S. 65: »ou de faire fuir à leur aspect tantôt ceux, tantôt celles que souhaite leur cœur réel« zu »ou de faire fuir à leur aspect (mâle) ceux, (femelle) celles que souhaite leur cœur réel – contraire«. • Beinecke: zwei vollständige Durchschläge ohne die Emendation, identische handschriftl. Tippfehler-Korrekturen. • Ungedruckt zu Lebzeiten.

Der, der kein Heros ist

Celui qui n'est pas un héros. • Jersey: S. 67–71. Typoskript. • Beinecke: zwei vollständige Durchschläge, identische handschriftl. Tippfehler-Korrekturen. • Ungedruckt zu Lebzeiten.

Die Androgyne, Heroin unter den Heroinnen

L'Androgyne, héroïne entre les héroïnes. • Jersey: nicht vorhanden. • Beinecke: vollständiger Durchschlag (24 S., am Ende datiert 1921–1924) mit einzelnen Emendationen und Tippfehler-Korrekturen, danebst eine leicht abweichende Version der »Lettres d'Amour du Poète à l'Androgyne« (2 S.). • Ungedruckt zu Lebzeiten.

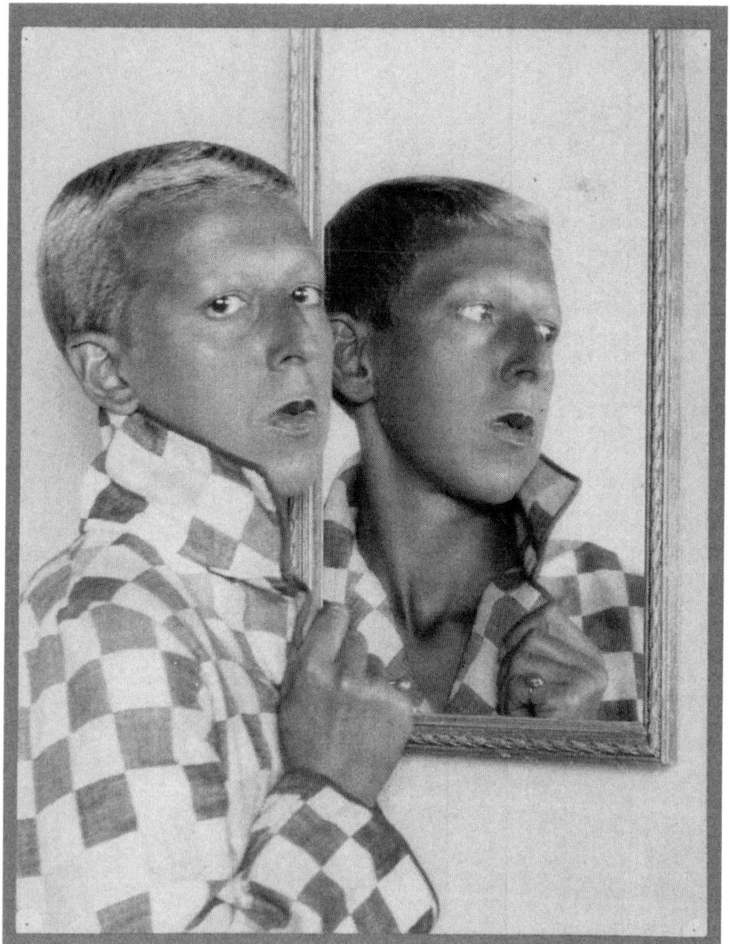

Bernhard Siebert

Übergesetzt. Zum Erscheinen von Claude Cahuns *Heroinnen* im Deutschen

Beim Übersetzen klingt im Deutschen das *Über*setzen mit, die Fahrt mit einem Schiff und die Ankunft an einem anderen Ort.[1] Was den vorliegenden Band betrifft, ist es fast so, als käme eine Fähre mit so großer Verzögerung im Hafen an, daß es zu spät ist, um die Gäste – einen Reigen unterschiedlicher Heldinnen – gebührend zu empfangen. Denn Claude Cahuns *Heroinnen* werden erst jetzt, im Jahr 2022, ins Deutsche übersetzt.[2] Während Ausstellungen und Bildbände im deutschsprachigen Raum bereits Einblick in das bildnerische Werk gegeben haben, ist das schriftstellerische Werk hinterher, und es muß ihm erst noch eine Bühne bereitet werden.[3]

Vielleicht wirkt dieses Nachwort daher verspätet, weil es versucht, rasch noch das Werk Claude Cahuns zu kommentieren, mit einer etwas übereilten Geste. Es hat den Anspruch, Cahun und den in den *Heroinnen* auftretenden Figuren beim Übersetzen vom Französischen ins Deutsche zu helfen, beim Ankommen in einer anderen Sprache, aber diese Hilfeleistung ist eine ungelenke, unsichere: Wer kommt da an, wer genau erscheint? Und was hat die Überfahrt mit den Ankommenden gemacht?

Mit Sicherheit kommt dieses Nachwort zu spät, um Claude Cahun eine einfache Weiblichkeit zuzuschreiben. Im Sinne der derzeitigen differenzierten und politischen Auseinandersetzung mit Geschlechtlichkeit und Selbstbestimmung vermeidet es daher, mit Pronomina zu arbeiten: Es kommen für Cahun damit weder heteronormative Pronomina (sie/er) zum Einsatz, noch wird auf ein Neopronomen (wie etwa dey oder xier) zurückgegriffen. Über Cahun hier ohne Pronomen zu schreiben, ist der Versuch, dem Werk selbst gegenüber behutsam aufzutreten und ihm gerecht zu werden. Dahinter steht auch eine andere Überlegung: Welche Art der Vergeschlechtlichung im Deutschen würde Claude Cahun selbst derzeit wünschen?

Cahun gilt heute als Ikone der Moderne, war zu Lebzeiten allerdings nur wenigen bekannt. »Der Weg, auf dem Cahun für die kunstgeschichtliche Forschung überhaupt zugänglich gemacht wurde, ist äußerst komplex«.[4] Ende des 20. Jahrhunderts rückt denn auch zunächst das fotografische Werk in den Mittelpunkt:[5] Die raffinierte Selbstporträtierung in diesen Arbeiten, das Montieren und Collagieren von Objekten und Zitaten, die Arbeit zur Inszenierung von geschlechtlichen Stereotypen und Codes werden in den 1990er Jahren diskutiert und neu ausgestellt – und damit werden viele der Werke, die im privaten

Kontext verschenkt oder gezeigt wurden, einer breiten Öffentlichkeit zugänglich gemacht. Im Zuge des Jahrhundertwechsels findet also auch erst so etwas wie die »Konstruktion«[6] der künstlerischen Position Cahuns statt – einer Position, die sich in vielem dem direkten Zugriff und der genauen Einordnung entzieht. Cahun läßt sich nicht auf ein Geschlecht oder eine Identität festschreiben, ist je nach Situation männlich, weiblich oder »neutre«, liebt die Paradoxie, lebt in der Metamorphose und drängt nach immer neuen Ausdrucksformen. Von den symbolistischen Dichtungen und ersten fotografischen Selbstporträts in jungen Jahren in Nantes und beim Studium in Paris, begleitet von einer andauernden künstlerischen Auseinandersetzung mit der Rolle der Frau in Mythologie und Gesellschaft, wie sie sich in den *Heroinnen* zeigt, führt eine schnelle Entwicklung zur identitätssprengenden experimentellen Prosa der zwanziger und dreißiger Jahre und den surrealistischen Foto-Collagen, die das Abbild des eigenen Ichs vervielfachen, sezieren, neu zusammensetzen. Nicht zuletzt ist das Politische bei Claude Cahun zu bedenken: Die politischen Schriften, Manifeste und Flugblätter der dreißiger und vierziger Jahre zeugen von einer marxistischen, kommunistischen, antifaschistischen Haltung im Widerstand gegen die Nationalsozialisten, der durchaus auch als ein künstlerischer begriffen werden kann. Es ist kein Wunder, daß dieser persönliche, ästhetische und politische Einsatz Cahuns im Moment viel Aufmerksamkeit erfährt. Als »surrealist, gender-queer, antifascist Nazi fighter« etwa stellen Leigh Pfeffer und Gretchen Jones mit markigen Worten Claude Cahun in ihrem Podcast *History is Gay* vor.[7] Cahun wird nicht nur für die beiden zu einer Identifikationsfigur im Sinne einer postfeministischen selbstbestimmten Position – im nachhinein, mit einer Verspätung.

Wer ist Claude Cahun? Geboren am 25. Oktober 1894 als Lucy Renée Mathilde Schwob in Nantes, wächst Cahun in der geistigen und künstlerischen Atmosphäre einer großbürgerlichen jüdischen Familie auf. Der Onkel ist der namhafte symbolistische Schriftsteller Marcel Schwob (1867–1905), der Vater Maurice Schwob (1859–1928) ist der verbindungsreiche Herausgeber der regionalen Tageszeitung *Le Phare de la Loire*, in der Cahun erste Artikel publizieren wird. Maurice Schwob nimmt Cahun im Jahr 1907 aufgrund des zunehmenden Antisemitismus infolge der Dreyfus-Affäre vom Lyceum in Nantes, und es folgt ein zweijähriger Schulaufenthalt im englischen Surrey, der das sehr rasche Erlernen des Englischen mit sich bringt – »si vite«,[8] so schnell, wie Cahun selbst notiert. Zurück in Frankreich studiert Cahun ab 1917 an der Sorbonne Philosophie und veröffentlicht unter wechselnden Pseudonymen: Claude Corlis, Daniel Douglas (als Referenz auf Oscar Wildes Liebhaber Alfred Douglas) und schließlich Claude Cahun – einem Namen, der, wie aus einer Anmerkung zu erfahren ist, gewählt wird »aufgrund meiner Verwandtschaft mit Léon Cahun [1841–1900]«[9], Cahuns Großonkel, einem Romancier, Journalisten und Orientalisten; aber auch aus Bewunderung für die eigene Großmutter, Mathilde Cahun.[10] Cahun schneidet sich das Haar radikal kurz, färbt es bis in die dreißiger Jahre hinein abwechselnd rosa, silbern, golden oder rasiert es vollständig ab. 1919 erscheint das symbolistisch geprägte erste poetische Werk *Vues et Visions* bei George Crès in Paris mit Illustrationen der Grafikerin Suzanne Malherbe. Malherbe, die unter dem Pseudonym Marcel Moore arbeitet, ist Cahuns Lebenspartnerin, seit 1917 aber auch die Stiefschwester, da Maurice Schwob in zweiter Ehe deren verwitwete Mutter, Marie Eugénie Malherbe, heiratet. Mit Suzanne Malherbe läßt sich Cahun dann auch 1922 am Montparnasse nieder, an der Rue Notre-Dame-des-Champs 70b. Die beiden nehmen lebhaft Anteil am intellektuellen und künstlerischen Leben von Paris, befreunden sich mit den Schauspieler*innen Edouard de Max, Georges und Ludmilla Pitoëff, Ivan Mosjoukine, mit den Buchhändlerinnen Sylvia Beach und Adrienne Monnier, mit den Bildhauer*innen Chana Orloff und Jacques Lipchitz. Für die nächsten 15 Jahre wird ihre Wohnung zu einem wichtigen Treffpunkt, einem künstlerischen Salon. Im Laufe der zwanziger und dreißiger Jahre kommen zahlreiche Freund*innen und Bekanntschaften hinzu: Henri Michaux (»die Schlangenkatze!«[11]), Robert Desnos (von dem Cahun mehrere photographische Porträts macht), Pierre Albert-Birot (mit dem Cahun von Februar bis Juni 1929 Theater spielt), Man Ray, René Crevel, Benjamin Péret, Salvador Dalí und nicht zuletzt André Breton, der in einem Brief schreibt: »Sie selbst wissen ganz genau, daß ich Sie für einen der (vier oder fünf) kuriosesten Köpfe unserer Zeit halte.«[12] 1925 erscheinen erste Texte aus dem Konvolut der *Héroïnes*. Henri Michaux liest zufällig eines der Manuskripte, Cahun notiert seine Reaktion: »›zum Fressen‹, lautete sein schmeichelhafter Kommentar.«[13] Mit der Veröffentlichung des großen experimentellen Werks *Aveux non Avenus* (1930) bei den Editions du Carrefour erreicht das poetische Werk Cahuns einen künstlerischen Höhepunkt. Über zehn Jahre lang hatte Cahun an dieser Collage poetischer Selbstbespiegelungen, Traumaufzeichnungen, Tagebucheinträge und Fantasien gearbeitet. Es ist ein »unsichtbares Abenteuer«[14] zur Erforschung des eigenen Selbst, illustriert mit sogenannten Heliogravüren: Fotomontagen, die Marcel Moore nach den Vorgaben Cahuns komponiert hat und die sich immer neu aus Selbstporträts und Teilen des eigenen Körpers, Röntgenbildern und Spiegelbildern zusammensetzen, neben einer Vielfalt von fotografierten Objekten, Zeitungsausschnitten und Zeichnungen.[15] Cahuns enge Verbindungen zur Bewegung des Surrealismus manifestieren sich nicht nur im künstlerischen Austausch, wie er etwa durch die Teilnahme an der *Exposition surréaliste d'objets* in der Pariser Galerie Charles Ratton und der *International Surrealist Exhibition* in den Londoner New Burlington Galleries im Jahr 1936 belegt ist, sondern auch in gemeinsamer politischer Arbeit. Cahun und Malherbe treten in den 1930er Jahren verschiedenen antifaschistischen künstlerischen Komitees bei, unterzeichnen zahlreiche Manifeste. 1937 verläßt das Paar Paris und geht ins Exil. Auf der Kanalinsel Jersey erwerben Cahun und Malherbe das Gut *La Rocquaise*; Cahun tauft es auf *La ferme sans nom*, also »Der Bauernhof ohne Namen«. Jersey wird 1940 von den Deutschen besetzt, und die beiden führen ebenso einfallsreiche und kreative wie riskante Widerstandsaktionen durch, erstellen vom »Soldaten ohne Namen« gezeichnete Collagen und Flugblätter, die deutsche Soldaten zum Desertieren bewegen sollen. Fragen zu Medium, Schrift und der poetischen Funktion des Schreibens, ja, zum Einsatz der Sprache stellen sich hier in radikaler Weise neu. Lange unverdächtig, werden beide im Juli 1944 von der Gestapo verhaftet und zum Tode verurteilt. Obwohl sie am 20. Februar 1945 begnadigt werden, bleiben sie bis zur Befreiung Jerseys im Mai 1945 inhaftiert. Während der Haftzeit durchsucht und plündert die Gestapo ihren Hof. Ein Großteil der Arbeiten Cahuns wird dabei vernichtet. Claude Cahun selbst ist seit der Haft gesundheitlich labil und stirbt 1954. Die erhaltenen Fotografien, Collagen, Manuskripte, Typoskripte werden von Suzanne Malherbe bis zu deren Tod 1972 aufbewahrt. Was erhalten geblieben ist, findet sich heute in den Archiven auf Jersey, in Nantes und New Haven sowie mutmaßlich im Privatbesitz des Literaturwissenschaftlers und ersten Cahun-Herausgebers François Leperlier.

Ankunft der Heroinnen

Vielleicht kommt also die Übersetzung der *Heroinnen* spät, aber mit Übersetzungen ist es auch nicht so einfach, denn sie werden in den Philologien bei der Ausdeutung von Werken für gewöhnlich außer acht gelassen. Dabei stellen sie ganzheitliche Interpretationsleistungen dar, die oft über das hinausgehen, was die wissenschaftliche Kritik und Hermeneutik herausstellt. Die vorliegende erste deutschsprachige Übersetzung eines Werkes von Claude Cahun wird insofern international Aufmerksamkeit erhalten müssen, als die französische Übersetzungsgrundlage in dieser Form noch gar nicht gedruckt vorliegt, ja, wie es scheint, überhaupt nicht bekannt ist. Denn Magnus Chrapkowski hat im Zuge der Editionsarbeit herausgefunden, daß nicht nur die bisherigen Druckversionen der *Heroinnen* den Cahun-Nachlaß in der Beinecke Rare Book and Manuscript Library der Yale University in New Haven unberücksichtigt gelassen haben, sondern daß dieser Nachlaß auch in der Philologie so gut wie unbekannt ist. Bald hundert Jahre nachdem die *Héroïnes* im *Journal littéraire* als selbständige Veröffentlichung angekündigt worden sind (»*Heroinnen* ist der Titel eines bald erscheinenden Buches, in dem Claude Cahun in subtiler und nahezu symbolischer Form die Psychologie gewisser klassischer weiblicher Figuren studiert«[16]), hat der Herausgeber durch Vergleichung der

Vorabdrucke sowie der heute verfügbaren zwei Nachlaßquellen – der Typoskriptkonvolute im Jersey Archive in Saint Helier und in der Beinecke Library – nun eine neue Fassung erstellt, die den Korpus dessen, was von Cahuns geplantem, aber nie gänzlich abgeschlossenem Werk zu unserer Kenntnis gelangen kann, auf seinen vermutlich größtmöglichen Umfang erweitert.

Die deutsche Übersetzung macht jetzt auch eine Zusammenschau möglich: Einzelne Texte der *Heroinnen*, die jetzt hier in einer sorgfältig kommentierten deutschen Fassung gesammelt und sortiert vorliegen, waren von Cahun 1925 veröffentlicht worden, sieben davon im *Mercure de France* und zwei weitere im *Journal littéraire*.[17] Diese Texte werden von Magnus Chrapkowski um jene ergänzt, die es nicht zur Veröffentlichung geschafft haben. Denn einen Kreis, einen Kranz scheinen diese Porträts in Textform zu bilden: fünfzehn plus eine, also sechzehn Figuren, skizziert von Claude Cahun. Dabei sind fünf Figuren der Bibel entnommen (Eva, Delila, Judith, Maria, Salome), vier der griechischen Antike (Penelope, Helena, Sappho, Salmakis), drei der Welt der Märchen (Aschenputtel, die »Schöne« und die »wesentliche Gattin«), eine der deutschen Klassik (Margarete), eine der französischen Literatur des 19. Jahrhunderts (Sophie) – und dann gibt es da zwei, die sich nicht so recht einordnen lassen auf den ersten Blick (»Der, der kein Heros ist« und die »Androgyne«). Was Magnus Chrapkowski jetzt für die erste deutsche Übersetzung editorisch herausgearbeitet hat, ist mehr als das bloße größere Volumen eines Werkprojekts; es hat der Idee, die Cahun von den *Heroinnen* als Werkganzem hatte, mehr Kontur verliehen. Man erkennt nun auch die einleitenden Worte, die Cahun eine Sortierung und Rahmung ihrer kurzen Frauenporträts ermöglichen: Zu Beginn steht »Just Conversation«, eine Art »Prolog im Himmel«, ein Text, bei dem allerdings – wie Chrapkowski anmerkt – nicht ganz sicher ist, inwiefern er überhaupt zur Veröffentlichung gedacht war, und von dem später noch die Rede sein wird.

Was beim Lesen zunächst auffällt, ist, wie heterogen die Texte erarbeitet sind – mal sind sie knapp und wie aus einem Guß, dann wieder zergliedert; mal gibt es eine auktoriale Erzählstimme, dann wieder spricht ausschließlich die Titelheldin; mal ist die Anbindung an den Originalkontext stärker, mal schwächer; mal läßt sich klar ersehen, auf welchen Clou Cahun aus ist, mal ist eine Pointe nicht gleich erkennbar.

Héroïnes: Wir erwarten Heroinnen und Heldinnen, und wir lesen von Figuren, die aus der Geschichte, aus Mythen, aus religiösen Texten, aus kulturellen Kontexten zu uns kommen. Was ist das Heroische an ihnen, was haben sie geleistet? Und was ist ihnen gemeinsam? Wenn sie jetzt zu uns sprechen, in knapper, pointierter Form, zu einer deutschen Leser*innenschaft, dann weiß diese, um wen es sich handelt. Sie kennt diese Frauenfiguren. Und sie wird sie abgleichen wird mit dem, was sonst von ihnen erzählt wird, wie sie anderswo gestaltet worden sind. Jetzt wird sie von Cahun mit ungewöhnlichen Details, mit Dazugedichtetem, mit Fabuliertem konfrontiert. Oder, um es mit einer geschickt eingesetzten Formulierung von Andrea Oberhuber zu fassen, mit »*Um*schreibungen«, und zwar solchen »zwischen den Genres und zwischen den Medien«.[18] Diese *Um*schreibungen zeigen an, daß allen Texten des engeren Werkkomplexes der *Héroïnes* ein Gestus gemeinsam ist: der Rückgriff auf die literarische Tradition. Im bürgerlichen Zeitalter ist diese keine nur mündliche, und für Cahun ist die Welt der Geschichten und der Bücher eine sehr vertraute. Der Mythos (griech. ›Erzählung‹) hat viele Medien, und der archaische *Heros* der mündlichen Tradition sieht sich in der Öffentlichkeit verdrängt vom *Helden* der zahllosen Romane und Bühnenstücke, deren breite Rezeption bei Autoren vorausgesetzt wird. Daß nicht nur der Halbgott des antiken und klassischen Dramas, sondern auch die Heerscharen der zu Klischee-Helden des Groschenhefts, zu Moralaposteln der melodramatischen Klamotte verkommenen edlen Ritter, Märchenprinzen und gefallenen Unschulden im Französischen *héros* bzw. *héroïnes* sind, ist ein wesentlicher Aspekt des Titels *Héroïnes*.

Cahun: Selbstbildnis mit Frauenfiguren

Es ist wichtig nochmals zu betonen, daß für die *Heroinnen* eine gemeinsame Veröffentlichung vorgesehen war, daß die Texte also – nachträglich – zusammengestellt erscheinen sollten. Zu Lebzeiten Cahuns ist dies nicht geschehen. Ein Reigen von Frauenfiguren, denen eine gemeinsame Bühne bereitet wird: Um dieses Motiv zu verstehen, ist es interessant, eine frühe Fotografie Cahuns zu betrachten. In diesem Bild ohne Titel inszeniert sich Cahun mit Hilfe von Marcel Moore als Leser*in, und diese Arbeit wird in der Forschung in engen Zusammenhang mit der Entstehung der *Héroïnes* gestellt.[19] Die Fotografie aus dem Jahr 1915 zeigt Cahun im Matrosenoutfit an einem schmalen Schreibtisch sitzend, das wellige Haar halblang und offen, im Rücken eine hohe Lehne, links auf dem Tisch, neben der rechten Hand, eine kastenförmige Ledertasche – für einen Fotoapparat, wie uns François Leperlier erklärt,[20] womit auch gleich die Selbstreferenzialität des Mediums aufgerufen ist. Cahun blickt mit einer gewissen Ruhe, »tranquillement«[21], hinunter auf ein aufgeschlagenes dickes Buch, das wir nicht identifizieren können. Darunter aber liegt ein weiteres Buch, geschlossen, und dieses ist mit dem Buchrücken zur Kamera gedreht, so daß der Titel lesbar ist: *L'Image de la femme*. Im Sinne der Inszenierung studiert Cahun hier also das »Bild der Frau«, wenn man den französischen Titel übersetzt. Das – wohlgemerkt einbändige – Werk wurde 1899 vom Kulturhistoriker und Politiker Armand Dayot (1851–1934) herausgegeben.[22]

CLAUDE CAHUN, O. T., 1915[23]

Dayot selbst stellt in seinem Buch klar eine bestimmte geschlechtliche Art der Darstellung in den Mittelpunkt der Betrachtung; im Vorwort ist von einer Art Zusammenschau, einem »aspect collectif«[24] die Rede: Es handle sich sowohl um ein Buch der reinen Kunst als auch um ein *livre de beauté*. Das »Bild der Frau« gilt Dayot als ein »glitzernder Spiegel« für den Geist vieler Epochen und Kulturen.[25] Es läßt sich vermuten, daß Cahun mit der von Dayot vorgestellten Idee des Weiblichen und ihrer Darstellung nicht viel anfangen konnte. Nichtsdestoweniger ist das zentrale Motiv des Selbstporträts das Studium ebendieses Werks, oder zumindest bildet es die Unterlage für die Lektüre am Tisch. Vielleicht geht es Cahun in der Bildkomposition genau um diese Idee: Dayots Buch als eine allseits bekannte Grundlage, die nun, zugeklappt, nur noch als Buchstütze dient. Die Auswahl der Requisiten kündigt für die Cahun-Forscherin Tirza True Latimer aber nun eben gerade einen Widerstand gegen dieses kulturelle Erbe an, in dem Frauen im Sinne dieser Zusammenschau des Weiblichen abgebildet werden.[26] In ihrer Argumentation stellt Latimer neben die Fotografie das Frontispiz des Bandes von Dayot:[27] Dort sind sechs Frauenköpfe abgebildet, die in einem Kranz zusammengebunden sind: Die einzelnen Porträts werden also gefaßt, nebeneinandergestellt und in ihrer Anordnung bewußt komponiert, um für das Weibliche (das »Bild der Frau«) etwas herauszustellen, das über die Einzeldarstellung hinausgeht. Denkt man diesen Gedanken weiter, dann könnte man sagen, daß Cahun sich in den *Heroinnen* an dieser Darstellung des »kollektiven Aspekts« des Weiblichen abarbeitet: In den *Heroinnen* werden unterschiedliche Frauenfiguren aus Geschichte, Mythologie und Religion zusammengebracht, die auf ganz unterschiedliche Weise ihre Ausgestaltung in Kunst und Kultur erfahren haben. Die Porträts können und sollen sich nicht auf das einfache, simplifizierende Bild »der Frau« reduzieren lassen, sondern demonstrieren gerade die Varianz des Weiblichen und seine Alterität, und zwar besonders durch die Demonstration sexueller Spielarten (Homosexualität, Heterosexualität, Sadomasochismus, Sadismus, Inzest etc.), aber auch durch jeweils eigenes, selbstbestimmtes Handeln. Die Fotografie, in der Cahun über dem Buch *L'Image de la femme* sitzt, könnte in diesem Sinne als frühes künstlerisches »mission statement« verstanden werden.[28]

TITELBLATT DER ENZYKLOPÄDIE *L'IMAGE DE LA FEMME* VON 1899

Nochmals kurz einen Schritt zurück: Cahun hatte eine Zusammenführung der Texte der *Heroinnen* in einen Band geplant, aber nicht erwirken können. Man könnte sagen, es tut sich damit zunächst lediglich eine phantasmatische Versammlung dieses Reigens der Frauenfiguren auf, als etwas, das am Horizont des Schreibens von Cahun erscheint. Cahun plant für diese Figuren also einen gemeinsamen Auftritt, sie sollen zusammenfinden an einem Ort, den es noch nicht gibt: Es geht also vielleicht, wenn man so will, nicht allein um eine künftige Publikation, sondern auch um eine künftige Bühne für diese Texte. Das Bild der Bühne wird hier deshalb bemüht, weil die Heroinnen sich gut als Dramenminiaturen lesen lassen, aber auch, weil im gesamten Werk Cahuns immer so sehr auf die Inszenierung geachtet wird. Dem Werk eignet eine ganz eigene Theatralität, die sich aufdrängt. So meint etwa Miranda Welby-Everard, die zentrale Stellung des Theaters für Cahuns Werk sei nicht genug beachtet worden.[29] Um auf das Bild von ganz zu Beginn dieses Nachworts zurückzukommen: Hier kommen Figuren an – »gewisse klassische weibliche Figuren«, wie angekündigt –, und es wird gleich schwierig zu sagen, welche Bühne sie eigentlich betreten werden. Oder: welche *Bühnen*. Denn statt einen einheitlichen Standpunkt einzunehmen, soll im Folgenden versucht werden, drei Perspektiven zu skizzieren, drei der Texte der *Heroinnen* herauszugreifen und zu diesen die Bühnen zu nennen, die sie aufrufen oder auf die sie gerufen werden könnten. Diese drei Texte sind *Eva, Salmakis* und *Margarete*, und es muß klar sein, daß damit lediglich ein Bruchteil dessen skizziert werden kann, was es im Deutschen zur Ankunft der *Heroinnen* noch zu sagen gäbe. Die hier etwas zu rasch, etwas zu verspätet errichteten Bühnen sind zu verstehen als Kontexte, die Inszenierungen ermöglichen. Für *Eva* geht es dabei um die Medialität und die Veröffentlichungsbedingungen in den zwanziger Jahren, für *Salmakis* um die Idee der künstlerischen und geschlechtlichen Selbstproduktion und für *Margarete* schließlich um einen möglichen Bezug der *Heroinnen* zur deutschen Sprache und ihrer Geschichte. Bei den hier vorgelegten Überlegungen handelt es sich lediglich um kleine Lektüren und Gedankenskizzen, in denen Vorschläge stecken, wie diese »reconfigured fables«[30] zur Aufführung kommen könnten. Sie stellen damit drei verschiedene Bühnen vor.

Erstens: Die Bühne der Medialität (Eva)

Auf den ersten Blick scheint klar zu sein, warum der erste Text der *Heroinnen* Eva gewidmet ist, die in der Bibel von Adam so genannt wird, weil sie »zur Mutter aller« werden sollte, »die da leben«: Es handelt sich um eine der ersten Frauen in der Literaturgeschichte.[31] Auf den zweiten Blick wird aber schnell ersichtlich, daß es auch um einen anderen Bezug geht, denn *Ève* war der Name eines Frauenmagazins, das von Cahuns Vater Maurice Schwob gegründet worden war.[32] »Für die ›Evettes‹«, schreibt Cahun in ihrer Widmung über den Text, »die kleinen Korrespondentinnen der Zeitschrift *Ève* – und im allgemeinen für alle jungen Mädchen, den vergangenen, den gegenwärtigen und den zukünftigen« (S. 11). Eva/Ève bedeutet hier also ebenso die biblische Figur, wie es auf die Zeitschrift verweist. Genau diese beiden Kontexte, nämlich die Herkunft einerseits aus einem der Urtexte der Menschheit und anderseits aus dem zeitgenössischen industrialisierten Verlagswesen, werden nun inhaltlich wie formal von Cahun verknüpft. Der Text *Ève* erscheint nun zwar nicht konkret im Magazin *Ève*, aber doch in einer Zeitschrift, nämlich dem *Mercure de France*, und kommentiert damit diese Art und Weise des Erscheinens. Er ist recht komplex gestaltet: Zunächst wechseln sich direkte Rede (angezeigt durch doppelte Anführungen) und Werbeanzeigen (angezeigt durch Mittelsatz, ohne Anführungen) ab: Eva verbringt einen »Nachmittag im parfümierten Schatten der Bäume« (S. 12),

"Ce n'est pas bien ça; ce n'est pas convenable! On réclame autre chose!... Ah! voici qui vaut mieux... "

Pep - tabs

BE A MAN

You must have pep - vigor - strength
- youth - to fully enjoy life - .
Make your sex life a joy!
- Quick results -

PEP - TABS

They positively help to build up
weakened, nervous and ageing men
to such a state of thrilling,
pulsating power that they STAND
UP and shout: "I CAN! I WILL!!
I AM FIT!!!" (only two dollars a packet)

"Oh! dommage: trop cher! Vraiment, j'aurais aimé lui donner ça. Il en a tant besoin, le pauvre chéri!... "

Are you reaching for TRUTH?
I will tell you FREE!

(only send the exact date of your
birth and enclose ten cents.)

A GREAT SURPRISE AWAITS YOU

"Mais quel est mon jour de naissance? - Il faudra que je demande au père. Je suis trop ignorante aussi!"

BE an ARTIST

EASY method. Write for terms and
list of SUCCESSFUL GENIUSES .

"Pourquoi ne le ferais-je pas? Pourquoi pas moi?

- 4 -

Typoskriptseite von »Ève la trop crédule« (Jersey Archive)

und das Paradies, in dem sie sich befindet, scheint eine Mischung aus einem Hain und einem Konsumtempel mit wechselnder Werbung zu sein. Wenn wir Eva folgen, dann wird die Schrift, die sie lesen kann, von Schlangen gebildet, »Schlangen mit leuchtenden Ringen« (S. 12). Diese Schlangen »bilden geschmeidige Buchstaben, dann andere Buchstaben für die nachfolgenden Annoncen« (S. 12). Am Ende setzt dann aber eine auktoriale Erzählstimme ein, jenseits der Rede Evas und der ›Annoncen‹: Denn Eva hat den Apfel, die verbotene Frucht, für ein Gericht verwendet und Gott serviert, was zu einem Wutanfall führt und zur Vertreibung aus dem Paradies – aber so einfach ist es bei Cahun dann doch nicht, denn Gott scheint wenig entschlußfähig zu sein: »Er vertrieb das Paar aus dem Paradies, rief es wieder zurück, schickte es wieder fort – er wußte sich keinen Entschluß« (S. 16). Cahun dreht ohnehin die ganze Geschichte um, denn in der Bibel ist es allein Adam, der von Eva überredet wird, die Frucht zu essen. In der Bibel verspricht die Schlange Eva viel: »Ihr werdet keineswegs des Todes sterben, sondern Gott weiß: an dem Tage, da ihr davon esst, werden eure Augen aufgetan, und ihr werdet sein wie Gott und wissen, was gut und böse ist.«[33] Und Cahun führt das biblische Verzehren der verbotenen Frucht, den Wunsch nach der Erkenntnis von Gut und Böse und die Werbe- und Warenwelt in einer ganz eigenen Moral zusammen: »Der Vater, seine Kinder, alle Apfelesser haben«, heißt es da, »in der Tat, dank der Frucht, gelernt, daß es ein Gutes gibt, daß es ein Böses gibt – können aber, ewig gepeinigt, nicht erkennen, was was ist« (S. 16).

Besonders interessant ist nun aber auch die Verhandlung von Schriftlichkeit auf unterschiedlichen Ebenen: Während sich in der Geschichte Schlangen zu Buchstaben formen und nach und nach unterschiedliche ›Annoncen‹ abbilden (die sich irgendwann wiederholen, als sei dieser lebenden Anzeigetafel ein bestimmter Loop einprogrammiert), erscheint die Geschichte *Eva* in einem Magazin in unmittelbarer Nähe zu anderen Texten, Versatzstücken, Inseraten, Ankündigungen. Cahun nutzt also eine Spezifik der Schriftlichkeit in Magazinen – des *Mercure de France*, des *Journal Littéraire* und natürlich auch der Zeitschrift *Ève* – und zwingt uns dazu, diesen Text in seiner Veröffentlichungsart zu bedenken: als Reflexion der eigenen Medialität. Wo also im Porträt von 1915 die Ledertasche für die Kamera als Verweis auf die Selbstreflexivität des Mediums gesetzt wird, ist der Hinweis auf die Medienbedingung des Textes bei *Eva* formal eingewoben.

Cahun bedient sich der präzisen Konstruktion des Erscheinungsbilds der Texte im Sinne des Layouts. In den Originaltyposkripten werden die Farben Schwarz und Rot als Strukturierungsmittel eingesetzt, Buchstaben zu Bildern und Ornamenten organisiert. Cahun arbeitet mit Motti und Fußnoten, Verweisen, Klammern, Auslassungen, Unterbrechungen. Diese Stilmittel sind in den unterschiedlichen Texten jeweils anders ausgeprägt.

Mit diesen *Setzungen* scheint Cahun an den unterschiedlichen Kontexten zu arbeiten, ja, diese miteinander zu verbinden oder aber gegeneinander auszuspielen: In den *Héroïnes* stünde dann nicht nur das künstlerische Schreiben gegen die industrielle Textproduktion, sondern auch die buchstäbliche Umgestaltung von Erzähl-Figuren. Mit *Eva* ist damit der erste Kontext aufgerufen, der mediale Kontext, die Zeitschrift als Ort der Veröffentlichung, die eine Lektüre des Kontexts ermöglicht. Vielleicht geht es auch hier darum, nicht wirklich erkennen zu können, »was was ist«, auch wenn eine moralische Komponente nicht mit im Spiel zu sein scheint. Vielmehr ist es ums Kunstschaffen selbst zu tun, das immer schon eingebettet ist in eine Welt voller Werbung und kommerzieller Bilder und Texte. Durch die Schlangen-Annoncen aufgefordert, künstlerisch tätig zu werden (»BE an ARTIST«, S. 14), sagt sich Cahuns Eva: »Warum sollte ich es nicht tun? Warum nicht ich?« Und weiter: »Was wird er sagen, wenn er sieht, daß sein Frauchen eine große Malerin, eine große Dichterin, der Ruhm des Paradieses geworden ist?« (S. 14.) Genau diese Gedanken zur Kunst lösen in Eva ein Hungergefühl aus, und so nimmt die Geschichte ihren Lauf. Cahun verknüpft den an Eva herangetragenen Willen zur Kunst mit dem Gedanken an die nächste Mahlzeit: »Gibt's hier nichts zu essen?« (S. 14).

Und so löst Cahun Eva also aus dem religiösen, aber auch aus dem kunsthistorischen und dem klassisch-literarischen Kontext, um sie in mehrfacher Hinsicht in die von Medien geprägten Welt Mitte der 1920er Jahre zu setzen, in der *Ève* auch der Name einer Zeitschrift für junge Frauen ist. Cahun inszeniert dabei den Text in seiner Multimedialität, arbeitet nicht nur mit der Figurenrede, sondern nutzt auch exzessiv Klammern, Gedankenstriche, setzt immer wieder Auslassungspunkte, kommentiert erzählend, greift manipulativ in die Textgestalt ein. Der Hinweis auf die Zeitschrift *Ève* korrespondiert mit dem präzise für Magazine erarbeiteten typografischen Satz des Texts, der bis zur Gestaltung von Vignetten aus zu Bildern gesetzten Buchstaben reicht, und diese Betrachtung der Buchstäblichkeit wird wiederum im Text durch die Schlangen gespiegelt, die mit ihren Tierkörpern wechselnde Buchstaben bilden. Insofern wären Schriftlichkeit und Medialität die erste Bühne, auf der uns die Figuren Cahuns entgegentreten: die Bühne der Medialität. Diese Bühne hat sich in den letzten hundert Jahren gewandelt: Wenn die Heroinnen jetzt auf deutsch erscheinen, dann in einer veränderten medialen Umgebung: einer, die sich nicht zuletzt um elektronische Schriften und Programmiersprachen, soziale Medien und Blogs, Voice-Messages, Übersetzungstools und sprachgesteuerte Assistenten erweitert hat; kurz: inmitten eines allgemein sich erweiternden und ständig wandelnden Medienangebots. Nicht nur *Ève* wird, sondern auch die anderen *Heroinnen* werden mit dieser neuen Umgebung reagieren müssen.

Zweitens: Die Bühne der Selbstproduktion (Salmakis)

Eine zweite Bühne ließe sich skizzieren als diejenige der künstlerischen und geschlechtlichen Selbstproduktion. In Cahuns *Salmakis die Suffragette* wird uns die Geschichte der Nymphe Salmakis erzählt, die für den Götterfürsten Zeus zum »Ärgernis« (S. 87) wird. Salmakis entscheidet sich gegen Nachkommen und, so Cahun, wird »als erste freiwillig steril« (S. 88). Diese Selbststerilisierung wird von Cahun sehr explizit geschildert: »Mit ihrem langsamen Vorspiel«, heißt es da, »entwaffnete sie den Sohn des Hermes und der Aphrodite, und zur größeren Sicherheit ließ sie sich die Eierstöcke entfernen« (S. 88). Die Geschichte von Salmakis und Hermaphroditos ist deswegen unerhört, weil aus ihrer Liebesbeziehung nun ein verbundener Körper hervorgeht: »statt dreier waren sie einer« (S. 88).

Die Vorlage für diese Verwandlung findet Cahun bei Ovid, der die Entstehung dieses neuen Doppelkörpers mit dem Wuchs einer Pflanze vergleicht:

Wie oft einer gewahrt, der Zweige vereint mit der Rinde,
Daß sie verwachsen in eins und dann aufschießen gemeinsam:
Also, wie sich verschränkt die Glieder in enger Verschlingung,
Sind's nicht zwei und doch ein Doppelgeschöpf, das zu heißen
Knabe so wenig wie Weib; sie scheinen so keines wie beides.[34]

Auffällig ist, daß Ovid in seiner Beschreibung mit mehreren Gegensatzpaaren arbeitet, um sich dieser neuartigen Gestalt anzunähern. Sprachlich ist das so »verschlungen« wie die Glieder des »Doppelgeschöpfs«. Cahun erzählt dessen Geschichte weiter: Durch Amor, der die neue Situation nicht richtig versteht, wird ihm ein schweres Schicksal zuteil: »Ewig unbefriedigt, überfällt das sonderbare Paar schamlos Frauen wie Männer, hingezogen, abgestoßen, passiv, aktiv, mit Begierde und Ekel, unter scheußlichen Entzweiungen – und eifersüchtig auf sich selbst« (S. 89). Es ist also kein sehr glückliches Leben, das Cahun Salmakis/Hermaphroditos führen läßt. Das Unglück ruft die Göttinnen und Götter im Olymp auf den Plan, die zu einem »Familienrat« (S. 89) zusammenkommen. Sie entscheiden: Der Doppelkörper soll getötet werden, die miteinander verwobenen Seelen werden wieder getrennt, und Salmakis soll künftig einen Männerkörper, Hermaphroditos aber einen Frauenkörper haben. Cahun läßt sich aber dann auch Zeit, zu überlegen, was passieren würde, wenn die beiden, die voneinander getrennt worden sind, sich wieder begegnen. Könnten sie ein gemeinsames Leben aufbauen? Wie ließe sich die Beziehung mit anderen antiken Beziehungskonstellationen vergleichen, was ist mit Giton und Sappho; Diotima, Sokrates und Alkibiades; Zeus, Juno und Europa? Fragen beschließen also den Text zu *Salmakis*.

Was den Text zusätzlich interessant macht, ist der Rückbezug auf Cahun selbst, denn er wird eingefaßt von der Widmung

»Für Claude« zu Beginn und dem abschließenden Satz: »Hermaphroditos kann sich zu Narziß gesellen – und sich in meinem Namen vorstellen« (S. 90). »[I]n meinem Namen«, das läßt aufhorchen: Denn wer spricht hier? Ist es Claude Cahun oder – wie bei anderen Texten der *Heroinnen* – eine von Cahun eingesetzte Erzählstimme? Die Fragen zu dieser Rahmung führen zurück zum Pseudonym Claude Cahun, für Cahun selbst wohlgemerkt weniger ein Pseudonym als der »wirkliche Name«.[35] Wie bereits erwähnt, stellt der Nachname *Cahun* sowohl einen Bezug zu Claude Cahuns Großmutter väterlicherseits, Mathilde Cahun, her als auch zum Großonkel, dem Schriftsteller David Léon Cahun.[36] Aber die Spekulation um den Namen führt weiter, denn Cahun verweist mit dem Familiennamen der Großmutter auf eine jüdische Abstammungslinie,[37] die sich als hebräisch *Kohan/Kohen* letztlich auf die Kohanim zurückführen läßt, eine Untergruppe des mit dem Tempeldienst betrauten Stammes der Leviten.[38] *Cahun* – im Französischen wird da *aucun* (keiner), *chacun* (jeder) und *qu'un* (nur einer) mitgehört oder assoziiert. Und der Vorname *Claude* bringt dann – im Gegensatz zu *Lucy Renée Mathilde*, der Cahun schon wegen des Ypsilon verhaßt war – keine geschlechtliche Markierung mit sich. So gesellt sich *Claude* zu *Cahun*, in einer klingenden Alliteration, wie sie auch in Cahuns Werktiteln Verwendung findet.

Die Wahl des eigenen Namens, der so präzise kuratiert wird und der sich der eigenen familiären und religiösen Herkunft nicht ab-, sondern bewußt zuwendet, steht damit im Zeichen einer Produktion des eigenen Selbst, die ebenso künstlerisch wie geschlechtlich ist. Diese Geschlechtlichkeit ist damit als eine doppelte zu verstehen: Es geht um die eigene Sexualität mit ihren Markern in der Sprache (*Claude*), aber auch um die Selbstdefinition aus einem Familiengeschlecht (*Cahun*). Damit gerät die eigene Selbstinszenierung auf dieser Bühne tatsächlich in einen Zusammenhang mit dem in *Salmakis* verhandelten Stoff. Und diese künstlerische und geschlechtliche Selbstproduktion ist deswegen diskutierenswert, weil Cahun selbst zu einer Held*in wird, nämlich einer Held*in »in den Gender- und Queer-Debatten«, denn »gerade mit ihren Fotografien soll sie schon damals das Unbehagen der Geschlechter [...] angekündigt haben«.[39] Wenn man François Leperlier folgt, ergibt sich die Frage nach der Identität auch daraus, daß Cahun sich selbst klaren Zuschreibungen entzogen hat: Cahun habe sich »nicht nur nie für feministisch, oder lesbisch, oder homosexuell erklärt«, ebensowenig wie zur Dichter*in oder auch Fotograf*in, schreibt der Autor, »sondern auch nie aufgehört, auf jegliche derartige Identifikation höchst allergisch zu reagieren.«[40] Bei all dieser willentlichen Entscheidung, sich nicht kategorisieren zu lassen: Wie lassen sich Cahuns Selbstproduktion und die Darstellungen von Selbstproduktionsprozessen (etwa in *Salmakis*) mitlesen bei der Lektüre der *Heroinnen*?

Vielleicht hilft ein Hinweis von Judith Butler, die ihre Ideen zu dem, was das Geschlechtliche mit dem Schreiben zu tun hat, unter anderem mit der Lektüre Willa Sibert Cathers (1873–1947)[41] entwickelt, einer US-amerikanischen Schriftstellerin, über deren Verhältnis zur Sexualität ebensoviel diskutiert wurde wie über dasjenige der Figuren in ihren Erzählungen.[42] Cather, so Butler, habe sich nicht in ein »entzifferbares Verhältnis«[43] gesetzt, was Frauen und weibliche Homosexualität betrifft. Zu entziffern gilt es dabei in den Erzählungen Cathers vor allem auch die fiktiven Namen der Figuren. Butler versucht etwas, das ihr selbst heikel erscheint, nämlich das Werk Cathers als ein lesbisches zu fassen. Sie macht das auch in bewußter Wendung gegen eine Literaturwissenschaft, die geschlechtliche Fragen von der Sexualität der Autorin bislang häufig »abgekoppelt«[44] habe. Cathers Text als einen lesbischen zu lesen, heißt für Butler, »eine Reihe von Komplikationen auszulösen, die sich nicht einfach zusammenfassen lassen, denn die Herausforderung findet – oftmals schmerzhaft – innerhalb der Normen der Heterosexualität statt, die der Text auch verspottet«.[45]

Die Aufgabe, die sich also auf dieser Bühne stellt, lautet, wie die *Heroinnen* und ihr*e Autor*in heute »entziffert« werden können. Was ergibt sich, wenn wir diese Texte aus unserer Warte als weibliche, als männliche, als homosexuelle, als asexuelle, als nichtbinäre Texte fassen, wenn wir aus einer inter oder trans Perspektive auf die Porträts blicken? Welche Möglichkeiten ergeben sich dadurch? Was läßt sich damit im Gegenzug über

Cahun sagen – und wo ist die Grenze zu dem zu ziehen, was nicht ausgedrückt werden kann? Grundsätzlich: Inwiefern muß das schriftstellerische Werk Cahuns mit ihrer Selbstinszenierung als Künstlerin zusammengedacht – oder getrennt davon betrachtet werden? Und, damit verbunden: Inwiefern werden die *Heroinnen* nicht nur von den Kontexten, aus denen die Figuren stammen, informiert, sondern auch durch andere künstlerische Ansichten und Werke Cahuns?

Die *Heroinnen* betreten mit dieser Ankunft im Heute also auch die Bühne der Selbstproduktion, auf der ihre Handlungen und Gesten, ihre Ansichten und Vorschläge, ihre Aussagen und Formulierungen von einem Publikum neu geprüft werden wollen.

Drittens: Die Bühne des Deutschen (Margarete)

Nach der Bühne der Medialität und der Bühne der Selbstproduktion muß gerade im Zusammenhang mit der Übersetzung auch die Frage nach der Spezifik der Zielsprache betrachtet werden. Mit dem vorliegenden Band setzen Claude Cahuns *Heroinnen* in den deutschen Sprachraum über, und es gilt zu skizzieren, was es mit dieser Bühne des Deutschen auf sich hat. Warum könnte diese Übersetzung ins Deutsche interessant sein und wie kommentieren die *Heroinnen* die Zielsprache? Die von Cahun dargestellten, dramatisch skizzierten Heldinnen sind aus dem Kulturellen gegriffen, sie erhalten über die kurzen

Texte neue Porträts. Da ist der Wunsch, die Frauen zu Gehör zu bringen: Frauen, die in Mythologie, Religion und Literatur, in den für die europäische Kultur kanonisch gewordenen Texten bedeutend waren und es immer noch sind. Aus deutschsprachiger Sicht geraten sie damit in die Nähe der klassischen Frauenfiguren in den Dramen Elfriede Jelineks, die schon in ihren Titeln, etwa in *Was geschah, nachdem Nora ihren Mann verlassen hatte oder Stützen der Gesellschaften* (1977) oder in *Schatten (Eurydike sagt)* (2013), den weiblichen Figuren eine Handlungsmacht zuspricht. Die *Heroinnen* erinnern aber auch an die Monologe, die Christine Brückner in ihrem Buch *Wenn du gesprochen hättest, Desdemona* (1983) gesammelt vorstellt.

Aus einer spezifisch deutschen Perspektive interessant ist die *Um*schreibung der Figur des Gretchens, die Cahun aus Goethes *Faust* nimmt. Damit wird einer der klassischen deutschen Texte kommentiert, und Goethes Einfluß auf Cahun scheint auch an anderer Stelle spürbar zu werden. Bevor auf die Figur der Margarete eingegangen wird, soll an dieser Stelle kurz ein Hinweis auf die Rahmung der *Heroinnen*-Texte versucht werden, von dem schon die Rede war: Der einleitende Text, auf englisch mit »Just Conversation« betitelt (S. 9), erinnert an Goethes »Prolog im Himmel«. In *Faust* diskutiert Gott mit Mephisto unter anderem wie folgt:

Der Herr: Hast du mir weiter nichts zu sagen?
Kommst du nur immer anzuklagen?
Ist auf der Erde dir nichts recht?
Mephistopheles: Nein, Herr! Ich find' es dort, wie immer, herzlich schlecht.
Die Menschen dauern mich in ihren Jammertagen,
Ich mag sogar die armen selbst nicht plagen.[46]

Cahun spielt mit der den *Heroinnen* vorangestellten »Just Conversation« – »nur« eine Unterhaltung, oder eine »gerechte, gerechtfertigte« Unterhaltung? – auf diese Theaterwette an, also auf Goethes Rahmung durch das »Vorspiel auf dem Theater« und den »Prolog im Himmel«. Verwiesen wird damit ebenso auf die Bedeutung des Schauspiels wie auf eine Auseinandersetzung auf göttlicher Ebene – bei Cahun ist diese »Konversation« verkürzt auf »Gott« und einen »Engel«. Gott erscheint hier als jemand, der auf reinen Lustgewinn aus ist: »Solange sie mich unterhalten, lasse ich sie leben« (S. 9), heißt es da, und später: »Wer wird das Schauspiel regeln, wenn nicht der Zuschauer?« (S. 10.) Cahun entwirft also für die Rahmung der Texte ein himmlisch-göttliches Publikum, das zudem die Fäden in der Hand zu halten scheint. Es ist interessant zu sehen, daß diese Rahmung mit Bezug auf die deutsche Literaturtradition nun genau im Zuge der deutschen Übersetzung der *Heroinnen* sichtbar wird.

Mephistopheles sagt: »Was wettet ihr? den sollt ihr noch verlieren, / Wenn Ihr mir die Erlaubnis gebt, / Ihn meine Straße sacht zu führen!«[47] Und in gewisser Weise gelangen wir von dieser Straße im Prolog zu der Szene, die Cahun für das Gretchen in *Margarete* entwirft: Cahun nimmt direkt Bezug auf den Monolog von Valentin, Gretchens Bruder, in der Szene »Nacht. Straße vor Gretchens Türe«. Cahun sieht sich nun in dieser Szene die Stelle genauer an, wie Valentin die Schönheit seiner Schwester Margarete herausstellt: »Aber ist eine im ganzen Land, / Die meiner trauten Gretel gleicht, / Die meiner Schwester das Wasser reicht?«[48], so heißt es bei Goethe. Diese Rede Valentins ist für Cahun als Hinweis darauf zu verstehen, daß sich das Verhältnis der Geschwister auch als ein inzestuöses lesen ließe. Darin wird im Deutschen eine Formulierung erkennbar, die aus der Erzählung *Sneewittchen* in Grimms Märchen bekannt ist: »Spieglein, Spieglein an der Wand / wer ist die schönste *im ganzen Land*?«[49] Auch Cahun läßt Margarete einen deutschen Mythos zitieren, nämlich den der »Lore-Ley«, also der Frauengestalt, die Unheil für die Schiffer am Rhein bringt. Die abgesetzte Schreibung, die Cahun verwendet, läßt vermuten, daß der Bezug zu Heinrich Heine durchaus erkennbar werden soll: »Ich glaube, die Wellen verschlingen / Am Ende Schiffer und Kahn; / Und das hat mit ihrem Singen / Die Lore-Ley getan.«[50] Ganz bewußt ruft Cahun also mit Goethe, den Grimms und Heine unterschiedliche deutsche Texte auf, und ihre Margarete, die »inzestuöse Schwester«, stellt gleich zu Beginn eine Frage, die auch an anderen Stellen der *Heroinnen* auftaucht: »*Ist eine Frau, die Sinne besitzt, wirklich ein Monster?*« (S. 62.) Der Verweis auf Monstergestalten und das Monströse in Verbindung mit dem Weiblichen, mit dem von Cahun seit der Eingangswidmung („Andromède au Monstre") gespielt wird, wird in Margaretes Rede nochmals rhetorisch neu gefaßt: Ist diese Frau ein Monster? Ist sie es wegen ihrer Sinne, ihrer Sinnlichkeit? Ist sie es, müssen wir uns nach der Lektüre ihrer Argumente auch fragen: wegen des inzestuösen Verhältnisses zu ihrem Bruder? Margarete schildert alles aus der Rückschau, und wir verstehen den Kniff, den Cahun hier anwendet: Bevor Valentin in den Krieg gezogen ist, wurde sie von ihm schwanger. Und da scheint ihr Faust, der alte Verehrer, gerade recht zu kommen: »Allein dieser letzte Grund«, heißt es bei Cahun, »bestimmte mich, dem Drängen Fausts nachzugeben.« Und Margarete setzt nach: »Sonst hätte ich widerstanden, ich schwör's!« (S. 65) Aber damit nicht genug, denn Cahun läßt Margarete auch erklären, daß sie Mephisto eigentlich spannender findet: »Jedenfalls hätte ich seinen geheimnisvollen Gesellen bei weitem vorgezogen, diesen Mephisto, der eine absonderliche Art Uniform trägt, die mich ein wenig neugierig macht ... Faust hat es bemerkt: ist Mephisto da, habe ich nur Augen für ihn« (S. 65). In Cahuns Fassung wollte Margarete also das Werben Fausts nutzen, um ihre Schwangerschaft nicht als Ergebnis eines inzestuösen Verhältnisses erscheinen zu lassen, in der Hoffnung, durch eine baldige Heirat auch die Unehelichkeit ihres Kindes vertuschen oder wiedergutmachen zu können. Aber wie bei Goethe nimmt die Tragödie ihren Lauf, und Margarete schildert die Geschehnisse mit umwerfender Knappheit: Valentin kehrt von der Front zurück und stirbt im Duell mit Faust, Margaretes Kind wird geboren – und sie entschließt sich, es zu töten. Die Sprache, die Cahun hier wählt, ist kalt und klar: »Es war meine Pflicht, das Kind zu ersticken«, läßt Cahun Margarete sagen, »– *das Kind des Inzests*, einziger formaler Einwand« (S. 66). Das Angebot Mephistos auf anwaltliche Hilfe – der eingeschobene Titel einer Werbeanzeige verweist hier wie bei *Eva* wieder auf den Publikationskontext – schlägt Margarete aus, und so kommt sie ins Gefängnis und schildert aus ihrer Warte, daß sie Faust, der sie besucht, zunächst mit ihrem Bruder verwechselt. Es wäre ihre Möglichkeit zur Flucht gewesen, aber auch diese schlägt sie aus, Faust sei schließlich der Mörder ihres Bruders. »Ich bedaure es jetzt, da man das Schafott errichtet«, sagt sie (S. 67).

Bei dieser Relektüre – dieser *Um*schreibung – der Gretchentragödie aus der weiblichen Perspektive überrascht die kühle, analytische Betrachtung der Geschehnisse. Durch das Inzest-Moment zwingt uns Cahun dazu, die bekannte Fabel neu zu betrachten: Margarete erscheint jetzt weniger als Opfer denn als Frau, die sich ihrer eigenen sexuellen Bedürfnisse und ihrer

Entscheidungsmöglichkeiten sehr bewußt ist. Sie gibt Auskunft über ihre Handlungen und darüber, wie sie zu ihnen steht. Das wirkt ebenso verblüffend wie provokant und gerät auf der Bühne des Deutschen zu einem ebenso frechen wie differenzierten Kommentar des Kanons.

Ein Reigen übergesetzter Figuren

Die *Heroinnen* auf deutsch zu lesen, hieße jetzt jenseits dieser Einzelbetrachtungen, sie herauszulesen aus ihren Zusammenhängen, aufzulesen in ihrer Zerstreutheit, sie zusammenzulesen. Mit etwas Glück werden sich Figuren gegenseitig kommentieren und in ihrer Zusammengehörigkeit, vielleicht aber gerade auch in ihrer Zusammenhanglosigkeit neu darstellen. Sie bilden hier, in der deutschen Übersetzung, einen nochmals anderen, unruhigen, unrunden Kranz aus vor knapp einhundert Jahren novellierten Figuren. Diese sprechen im doppelten Sinne aus der Kultur/Geschichte zu uns. Durch die Übersetzung sind ihnen jetzt deutsche Stimmen verliehen, mit denen sie in den geschlechtlichen, performativen, schriftstellerischen, inter- und transdisziplinären Diskurs hinein sprechen und dabei Unerhörtes und Ungehaltenes zu lesen und zu verstehen aufgeben: Figuren also, die sich gegen ihre Einfassung wehren und dieses widerständige Moment übertragen. Sie werden – im Lesen, im Sprechen, im Hören – in ihren *Um*schreibungen nachvollziehbar. Claude Cahun begann Mitte der 1920er, die ersten Texte der *Heroinnen* zu veröffentlichen, und jetzt, knapp 100 Jahre später, mit dieser Verzögerung, liegen sie in der deutschen Übersetzung vor: Die Figuren, die Cahun aus unterschiedlichen Kontexten herausgelöst hat, deren Fabeln und Details umschrieben und umgeschrieben werden, erscheinen hier vor uns in versammelter Form, als Reigen. Es wird interessant sein zu sehen, wie diese Figuren in ihren Figurationen gelesen werden und inwiefern sie – rekontextualisiert – für Unterbrechungen sorgen können in der Diskussion zu Entwicklungen in den Medien, zur Debatte um die künstlerische und geschlechtliche Selbstproduktion und zum Umgang mit der deutschen Sprache. Und es wird zu verfolgen sein, welche Bühnen sich diese Texte noch erarbeiten. Die *Heroinnen* mögen dabei wie ein historisches Werk daherkommen, aber vielleicht liegt gerade darin eine Chance: Claude Cahuns Figurenkranz stellt einen künstlerischen Konnex her zu anderen Zeiten, anderen Gesellschaften, anderen Orten, anderen Medienumgebungen. Diese sind von Cahuns Figuren mitgebracht worden, die jetzt dabei sind, im Deutschen anzukommen. Wir müssen uns überlegen, wie wir mit ihnen umgehen. Die Fähre legt gerade an. Es ist vielleicht etwas spät, aber die *Heroinnen* sind jetzt übergesetzt.

Anmerkungen zum Nachwort

1 Für die Unterstützung bei der Erarbeitung dieses Textes bedanke ich mich bei Olivia Ebert und Magnus Chrapkowski.

2 Hier ist auch die Leistung von Jennifer L. Shaw zu nennen, die vor wenigen Jahren, im Zuge eines großen Porträts von Cahun, noch nicht übersetzte Texte ins Englische übertragen hat, vgl. Jennifer L. SHAW: *Exist Otherwise. The Life and Works of Claude Cahun*, London: Reaktion Books 2017.

3 Etwa zeitgleich mit dem Erscheinen dieser Übersetzung kommt eine Auswahl von Claude Cahuns Texten auf eine deutsche Theaterbühne: Die Münchner Kammerspiele zeigen in der Regie von Pınar Karabulut *LA MER SOMBRE. Mit Texten und Gedanken von Claude Cahun* (UA: 29.09.2022).

4 Kat Lawinia GORSKA: *Claude Cahuns Poesie des Objekts. Über das infizierende Nachleben von Fotografien*, Bielefeld: transcript 2021, S. 10. Zur Geschichte der Cahun-Forschung vgl. hier allgemein S. 9–20.

5 Der genaue Prozess der Wiederentdeckung von Cahuns Werk im Sinne einer »fabrication d'une icône« wird von Juan Vicente Aliaga nachgezeichnet, vgl. Juan Vicente ALIAGA: »La fabrication d'une icône. Propos sur la reception de l'expérience photographique de Claude Cahun depuis sa redécouverte«, in: *Claude Cahun*, hrsg. v. J. V. Aliaga u. François Leperlier, Paris: Hazan 2011, S. 157–177.

6 Vgl. GORSKA, *Claude Cahuns Poesie des Objekts*, a. a. O., S. 19.

7 *History is Gay*, vgl. die Folge »Nazi Punks Fuck Off, Pt 2: Claude Cahun«, Juni 2018.

8 Cahun in einem Brief an Charles-Henri Barbier, zitiert nach François Leperlier: *Claude Cahun. L'Exotisme intérieur*, Paris: Librairie Arthème Fayard 2006, S. 22.

9 François Leperlier: »Der innere Exotismus«, S. XI, in: *Claude Cahun. Bilder*, hrsg. v. Heike Ander u. Dirk Snauwaert, München: Schirmer/Mosel 1997.

10 »Mon admiration pour ma grand-mère Mathilde, jointe aux sentiments que j'éprouvai, dix à douze ans plus tard, pour le fils de la veuve de Léon Cahun, fut le motif de… Claude Cahun«. Claude Cahun in einem Brief an Charles-Henri Barbier am 21. Januar 1951, zitiert nach Leperlier, *Claude Cahun. L'Exotisme intérieur*, a. a. O., S. 41.

11 Leperlier: »Der innere Exotismus«, a. a. O., S. XII.

12 André Breton, Brief an Claude Cahun, 21. September 1938, zitiert nach Leperlier, ebd., S. XIV.

13 Claude Cahun, unveröffentlichtes Notizbuch, zitiert nach Leperlier, ebd., S. XII.

14 Cahun eröffnet *Aveux non Avenus* mit den Worten »L'aventure invisible«. Vgl. Claude Cahun: *Aveux non Avenus*, Paris: Mille et une nuits 2011, S. 13 (Originalausg. Paris: Éditions du Carrefour, 1930, S. 1).

15 Die deutsche Übersetzung von Magnus Chrapkowski ist in Vorbereitung, erscheint bei Ink Press voraussichtlich 2023.

16 »Héroïnes est le titre d'un livre à paraître prochainement dans lequel, sous une forme subtile et presque symbolique, Claude Cahun étudie la psychologie de certaines figures féminines classiques« (*Le Journal littéraire*, H. 45, 28. Feb. 1925, S. 8).

17 Vgl. zur Editionsgeschichte die Notiz von Magnus Chrapkowski im vorliegenden Band und das dritte Kapitel in François LEPERLIER: *Claude Cahun. L'Exotisme intérieur*, a. a. O., S. 69–101. Darin heißt es: »En début d'année [1925], *Le Mercure de France* accueille sept nouvelles de la longue série de *Héroïnes* [...]. Deux autres sont publiées, quasi simultanément, dans *Le Journal Littéraire* [...].«

18 Andrea OBERHUBER: »Ironie und Ent-/Verführungsstrategie in Claude Cahuns *Héroïnes*: Metamorphosen an den Rändern der Avantgarde«, in: *Avantgarde und Komik*, hrsg. v. Rolf Lohse u. Ludger Scherer, Amsterdam/New York: Rodopi 2004, S. 173–185, hier S. 176.

19 Vgl. LEPERLIER, *Claude Cahun. L'Exotisme intérieur*, a. a. O., S. 89–90; Tirza True LATIMER: *Women Together/Women Apart. Portraits of Lesbian Paris*, New Brunswick u. a.: Rutgers University Press 2005, Kap. 3 »Narcissus and Narcissus«, S. 68–104.

20 Vgl. LEPERLIER, *Claude Cahun. L'Exotisme intérieur*, a. a. O., S. 89.

21 LEPERLIER, *Claude Cahun. L'Exotisme intérieur*, a. a. O., S. 89.

22 Vgl. Armand DAYOT: *L'Image de la femme*, Paris: Hachette, 1899.

23 Jersey Heritage Trust, Cahun and Moore Collection, Ref. JHT/1995/00039/t.

24 »L'aspect collectif des images de femmes reproduites par centaine dans cet ouvrage, images de figures appartenant à l'antiquité la plus lointaine, aussi bien qu'images de gracieuses contemporaines, indique, d'une manière très évidente, que l'auteur du livre s'est efforcé de choisir parmi les innombrables portraits féminins dus au pinceau du peintre ou au ciseau du sculpteur, ceux dans lesquels se trouvaient le plus parfaitement exprimés le génie de l'artiste et la beauté du modèle«, in: DAYOT, *L'Image de la femme*, a. a. O., 1898, S. 1.

25 »Ce livre est en même temps un livre d'art pur et un *livre de beauté*, puisque l'image de la femme n'y apparait que comme un étincelant miroir, où se reflètent l'esprit des époques, les caractères de races, l'ésthetique des écoles, l'idéal des artistes«, ebd., S. 1.

26 LATIMER, *Women Together/Women Apart*, a. a. O., S. 74: »The choice of props here announce a career of resistance to the cultural heritage that unites the feminine specimens singled out by Dayot unter the reductive title ›the image of woman‹.«

27 Vgl. ebd., S. 75.

28 »Moore's photograph of Cahun surveying *L'Image de la femme* could be taken [...] as a sort of mission statement.« Ebd., S. 74.

29 »[T]he centrality of theatre to [Cahun's] now renowned body of self-portraiture has received scant attention.« Miranda WELBY-EVERARD: »Imaging the Actor: the Theatre of Claude Cahun«, in: *Oxford Art Journal*, Bd. 29 (2006), Nr. 1, S. 1–24, hier S. 1.

30 Tirza True LATIMER: *Women Together/Women Apart. Portraits of Lesbian Paris*, Rutgers University Press, 2005, S. 76.

31 Gen 3,20, LU17.

32 Vgl. Anm. 4 zur Übersetzung in diesem Band. Vgl. a. den Eintrag von François Leperlier: »[Maurice Schwob] élargit l'audience du journal [*Le Phare de la Loire*], multiple les éditions, relance ou crée plusieurs supplements (*Le Phare illustré, Le Gars Breton, Le Petit Phare*) et périodiques (*Magazin, La Semaine*). En 1920, il ajoute le magazine féminin illustré *Ève* (Charles Malexis, directeur), et en 1924 *Le Journal littéraire* (Paul Lévy, directeur).« LEPERLIER: *Claude Cahun. L'Exotisme intérieur*, a. a. O., S. 20.

33 Gen 3,4–5, LU17.

34 Vgl. Ovid: *Metamorphosen*, 4. Buch, VV. 375–379, üb. v. Reinhart Suchier.

35 »Claude Cahun – qui représentait (représente à mes yeux) mon véritable nom plutôt qu'un pseudonyme«, so Claude Cahun in einem Brief an Charles-Henri Barbier am 21. Januar 1951, zitiert nach LEPERLIER, *Claude Cahun. L'Exotisme intérieur*, a. a. O., S. 41.

36 »Mon admiration pour ma grand-mère Mathilde, jointe aux sentiments que j'éprouvai, dix à douze ans plus tard, pour le fils de la veuve de Léon Cahun, fut le motif de... Claude Cahun«. Claude Cahun in einem Brief an Charles-Henri Barbier am 21. Januar 1951, zitiert nach LEPERLIER, *Claude Cahun. L'Exotisme intérieur*, a. a. O., S. 41.

37 Vgl. Marie MEULEMAN: »Identité de Claude Cahun : étude de l'héritage juif dans les textes et les images«, unveröffentlichte Abschlußarbeit, Montréal 2019.

38 Vgl. Angela Christine WOODLEE: »Evidence of Jewish Identity in the Photographic Work of Claude Cahun«, unveröffentlichte Abschlußarbeit, Athens (Georgia) 2010.

39 GORSKA, *Claude Cahuns Poesie des Objekts*, a. a. O., S. 18.

40 »Non seulement elle ne s'est jamais déclarée féministe, ni lesbienne, ni homosexuelle, pas plus que poète ou même photographe, mais elle n'a cessé de manifester la plus forte allergie à toute identification de cette sorte.« LEPERLIER, *Claude Cahun. L'Exotisme intérieur*, a. a. O., S. 87.

41 Vgl. Willa CATHER: *Meine Antonia* [*My Ántonia*, 1918], üb. v. Stefanie Kremer, München: Albrecht Knaus 2008; dies.: *Mein ärgster Feind* [*My Mortal Enemy*, 1926], üb. v. Stefanie Kremer, München: Albrecht Knaus 2008.

42 Vgl. zur folgenden Argumentation das Kapitel »›Gefährlicher Übergang‹: Willa Cathers männliche Namen«, in: Judith BUTLER: *Körper von Gewicht. Die diskursiven Grenzen des Geschlechts*, Frankfurt am Main: Suhrkamp 1997, S. 199–230. »Wenn das, von dem wir nun versucht sein könnten, es ›lesbisch‹ zu nennen, selbst in den und durch die diskursiven Orte konstituiert wird, an denen eine Übertragung von Sexualität erfolgt, eine Übertragung, die die Sexualität, die sie überträgt, nicht unangetastet läßt, dann ist es nicht irgendeine elementare Wahrheit, die den Augenblick wahrer und angemessener historischer Repräsentation abwartet und in der Zwischenzeit lediglich in Ersatzformen in Erscheinung tritt. Die Substituierbarkeit ist vielmehr eine Bedingung für diese Sexualität« (S. 224).

43 Ebd., S. 201.

44 Ebd., S. 202.

45 Ebd., S. 224.

46 Johann Wolfgang GOETHE: *Faust. Eine Tragödie*, zitiert nach der Hamburger Ausgabe, VV. 293–298.

47 Ebd., VV. 312–314.

48 Ebd., VV. 3631–3633.

49 *Sneewittchen*, in: *Grimms Märchen. Kleine Ausgabe*, mit einem Nachwort von Heinz Rölleke, Berlin 2011, S. 156–166, hier S. 157 (Hervorh. B.S.).

50 Heinrich HEINE: *Sämtliche Schriften*, hrsg. v. Klaus Briegleb. München: DTV, 1968, S. 107, hier VV. 21–24.

Bibliographische Information der Deutschen Bibliothek: Die Deutsche Bibliothek verzeichnet diese Publikation in der Deutschen Nationalbibliographie; detaillierte bibliographische Daten sind im Internet über http://dnb.ddb.de abrufbar.

Der Arco Verlag unterstützt die Kurt-Wolff-Stiftung für eine vielfältige Verlags- und Literaturszene.
www.kurt-wolff-stiftung.de

Deutsche Erstausgabe. Coll'Arco Nr. 16

Bildnachweise:
Frontispiz – Claude Cahun, Selbstporträt, ca. 1911 © Musée d'Arts de Nantes
S. 152 – Claude Cahun, Selbstporträt mit Spiegel, 1928 © Musée d'Arts de Nantes
S. 165 – Claude Cahun, Selbstporträt lesend, 1915 © Jersey Heritage Trust
S. 197 – Cahun als Teufel in *Le Mystère d'Adam*, 1929 © Estate of Claude Cahun

Einbandgestaltung: Praxis für visuelle Kommunikation, Wuppertal, unter Verwendung eines Gemäldes von Alfred Janes: »Salome«, 1938. © Estate of Alfred Janes/Bridgeman Images
Satz: Paul Frenzel, Leipzig
Druck und Bindung: MCP, Mazowiecki Centrum Poligrafii, Marki

Printed in Poland

ISBN 978-3-96587-028-4

Arco Verlag GmbH, Obergrünewalder Straße 17, D-42103 Wuppertal
Arco Verlag (Wien), Lorbeergasse 10/12, A-1030 Wien
Tel.: 0043 (0)1 715 46 06 / Fax: 0049 (0)202 2634 000
www.arco-verlag.com | service@arco-verlag.com